Antonio Leonardi

Fuerzas y energía

EDITEX

HIPERLIBROS
DE LA CIENCIA

Una enciclopedia
dirigida por Giovanni Carrada

VOLUMEN 2
FUERZAS Y ENERGÍA

Texto: *Antonio Leonardi*
Ilustraciones: *Studio Inklink y Luca Cascioli*
Diseño gráfico: *Sebastiano Ranchetti*
Dirección artística y coordinación: *Laura Ottina*
Maquetación: *Laura Ottina y Katherine Forden*
Búsqueda iconográfica: *Katherine Forden*
Revisión: *Roberto Rugi*
Redacción: *Andrea Bachini, Andrea Bachini, Francesco Milo*
Fotomecánica: *Venanzioni D.T.P.*- Florencia
Impresión: *Conti Tipocolor* – Calenzano, Florencia
Traducción*: Cálamo & Cran*

Para la edición en España y países de lengua española:
© **Editorial Editex, S. A.**
Avda. Marconi, nave 17. 28021 - Madrid
I.S.B.N. colección completa: 84-7131-920-9
I.S.B.N. volumen 2: 84-7131-922-5
Número de Código Editex colección completa: 9209
Número de Código Editex volumen 2: 9225
Impreso en Italia - Printed in Italy

DoGi

Una producción DoGi, spa, Firenze

SUMARIO

CÓMO SE USA UN HIPERLIBRO

Un Hiperlibro de la ciencia se puede leer como se leen todos los libros, es decir, desde la primera a la última página. O también como una enciclopedia, yendo a buscar sólo el argumento que nos interesa.

Pero lo mejor es leerlo precisamente como un *Hiperlibro*. ¿Qué quiere decir esto?

La imagen, al lado del título, representa el contenido de cada epígrafe y es siempre la misma en todos los volúmenes.

La flecha grande, que entra en la página desde la izquierda, señala que el contenido está relacionado con el de la página precedente.

Las imágenes dentro de la flecha hacen referencia a los epígrafes anteriores a los que puedes recurrir para ampliar conocimientos sobre el que estás leyendo.

Bajo cada imagen se indican el número del volumen y la página a consultar.

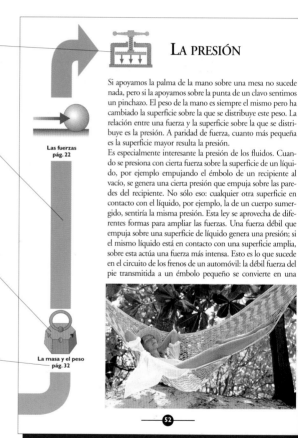

Las fuerzas
pág. 22

La masa y el peso
pág. 32

LA PRESIÓN

Si apoyamos la palma de la mano sobre una mesa no sucede nada, pero si la apoyamos sobre la punta de un clavo sentimos un pinchazo. El peso de la mano es siempre el mismo pero ha cambiado la superficie sobre la que se distribuye este peso. La relación entre una fuerza y la superficie sobre la que se distribuye es la presión. A paridad de fuerza, cuanto más pequeña es la superficie mayor resulta la presión.

Es especialmente interesante la presión de los fluidos. Cuando se presiona con cierta fuerza sobre la superficie de un líquido, por ejemplo empujando el émbolo de un recipiente al vacío, se genera una cierta presión que empuja sobre las paredes del recipiente. No sólo eso: cualquier otra superficie en contacto con el líquido, por ejemplo, la de un cuerpo sumergido, sentiría la misma presión. Esta ley se aprovecha de diferentes formas para ampliar las fuerzas. Una fuerza débil que empuja sobre una superficie de líquido genera una presión; si el mismo líquido está en contacto con una superficie amplia, sobre esta actúa una fuerza más intensa. Esto es lo que sucede en el circuito de los frenos de un automóvil: la débil fuerza del pie transmitida a un émbolo pequeño se convierte en una

52

Hiperlibros de la ciencia

En la ciencia, cada argumento está ligado a muchos otros, tal vez pertenecientes a sectores completamente diferentes pero todos importantes para comprenderlo mejor. Encontrarlos no es un problema gracias a los Hiperlibros. El que quiera conocer un argumento, leerá las páginas que se refieren al mismo y, desde ahí, partirá a explorar todas las conexiones, simplemente «siguiendo las flechas».

Por lo tanto, se puede abrir un Hiperlibro en cualquier página y, a partir de esta, navegar en el mundo de la ciencia dejándose guiar por las remisiones ilustradas, siguiendo nuestras búsquedas o la curiosidad del momento.

Un cuerpo sumergido sufre una presión que aumenta con la profundidad, la densidad del fluido y la fuerza de gravedad. Los submarinos no pueden superar un cierto límite de inmersión, porque podrían quedar aplastados.

fuerza mucho más intensa cuando llega a la pinza del freno que tiene una superficie mayor. También cuando se desciende bajo el agua se advierte una presión mayor. En este caso no hay ningún émbolo que empuje sobre la superficie del mar pero es el peso del agua el que provoca la presión. Cuanto más se sumerge uno en la profundidad, mayor es la presión porque mayor es el peso del agua que se encuentra encima. El peso del aire provoca la presión atmosférica: advertimos sus variaciones como una molestia en los oídos cuando cambiamos bruscamente de altitud, como en el avión o en el teleférico.

Cuando estamos tumbados sobre una hamaca (a la izquierda) o en un colchón, el peso del cuerpo se distribuye sobre una superficie amplia regalándonos una agradable sensación de comodidad.

Si el cuerpo se apoya sobre pocos puntos la sensación es bastante incómoda. El número de clavos es lo suficientemente grande para impedir que el faquir se haga daño.

La presión atmosférica
vol. 8 - pág. 28

La respiración
vol. 18 - pág. 30

La circulación de la sangre
vol. 18 - pág. 34

La flecha grande que sale de la página desde la derecha indica que el argumento de la página está ligado estrechamente a los de las páginas sucesivas, las cuales lo completan o lo desarrollan, o que continúan la evolución del volumen.

Las imágenes en el interior de la flecha indican las remisiones a los argumentos que pueden leerse después del de la página, para profundizar en él o explorar sus consecuencias.

El rico y puntual conjunto iconográfico y las leyendas, completan y ejemplifican el desarrollo del argumento.

EL UNIVERSO EN ACCIÓN

¿Por qué un canto rodado cae a tierra rápidamente mientras una pluma se mantiene más tiempo en el aire antes de tocar el suelo? ¿Por qué un trozo de madera flota y, sin embargo, uno de hierro con el mismo peso se hunde en el agua? ¿Y por qué el Sol y las estrellas parece que se mueven en el cielo? Desde siempre el ser humano ha sentido curiosidad frente a la naturaleza y sus fenómenos. El interés por explicar estos fenómenos ha sido uno de los motores principales del progreso. Desde la Antigüedad, filósofos y naturalistas han dedicado gran parte de su vida a la observación de la naturaleza y estudiando cada vez más los diferentes fenómenos, el ser humano ha aprendido a aprovecharlos. Ha usado la fuerza del viento para impulsar las naves y hacer girar las aspas de un molino; ha aprendido a prever el movimiento de los astros. Y, a menudo, todo esto ha ocurrido mucho tiempo antes de que se descubrieran las leyes precisas que regulan estos fenómenos.

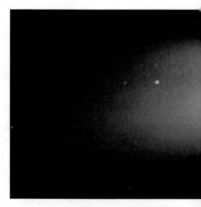

La trayectoria de un cometa se define mediante las leyes de la mecánica. Pero también las partículas de aire se rigen por las mismas leyes: precisamente el desplazamiento de miles y miles de millones de estas partículas provoca el viento.
El ser humano ha aprendido a aprovechar estas leyes para construir máquinas cada vez más perfectas.

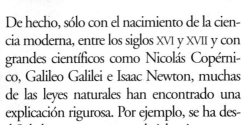

Las fuerzas fundamentales
vol. I - pág. 26

De lo pequeño a lo grande
vol. I - pág. 30

Cómo está constituido el Universo
vol. 5 - pág. 90

De hecho, sólo con el nacimiento de la ciencia moderna, entre los siglos XVI y XVII y con grandes científicos como Nicolás Copérnico, Galileo Galilei e Isaac Newton, muchas de las leyes naturales han encontrado una explicación rigurosa. Por ejemplo, se ha descubierto que no es el Sol el que se mueve en el cielo, sino que es la Tierra la que gira a su alrededor además de hacerlo sobre sí misma, y que la fuerza que domina esta rotación es la misma que hace caer una piedra. En este libro intentaremos conocer más de cerca algunas de estas leyes y cómo regulan el funcionamiento de los objetos y de los instrumentos que nos rodean. Algunos son objetos simples como una bicicleta o una pinza, otros son mucho más complicados, como un reloj o un satélite. Veremos también algunos fenómenos extraños, como los que ocurren cuando los objetos se desplazan a velocidades fantásticas cercanas a la de la luz cubriendo las enormes distancias del Universo.

EL ESPACIO
Y EL TIEMPO

Galileo Galilei
vol. 21 - pág. 34

Isaac Newton
vol. 21 - pág. 80

Einstein
y la relatividad
vol. 24 - pág. 24

Los objetos ocupan un determinado espacio. Cada uno de nosotros puede desplazarse hacia delante y hacia atrás de un lugar a otro. Sin embargo, el tiempo discurre inexorablemente en una sola dirección y no podemos volver al pasado o saltar hacia el futuro. Todos tenemos una idea intuitiva, pero bastante precisa, de lo que es el espacio y el tiempo y desde la Antigüedad las personas han intentado estudiar rigurosamente sus propiedades.

Aunque comenzara hace ya mucho tiempo, el debate sobre la verdadera naturaleza del espacio y del tiempo continúa todavía en nuestros días y algunos de los científicos y filósofos más importantes han dedicado gran parte de sus energías a intentar dar una respuesta satisfactoria. Los matemáticos griegos, sobre todo Euclides (que vivió en el siglo III a.C.), establecieron las bases de la Geometría, que estudia precisamente elementos del espacio como los puntos, las líneas y los polígonos. Muchos siglos más tarde, al comienzo del siglo XVII, Descartes introdujo un sistema para identificar los objetos en el espacio. La

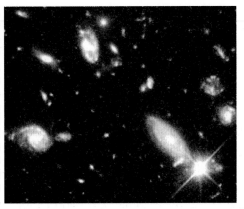

He aquí las galaxias más lejanas vistas por el ser humano, fotografiadas en 1995 por el telescopio espacial *Hubble*. Están a una distancia de aproximadamente 10 000 millones de años luz: es decir, están cerca de los confines del Universo. La luz que recibimos de ellas es 4 000 millones de veces más débil que la que recibimos normalmente.

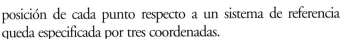

La relatividad restringida
pág. 86

posición de cada punto respecto a un sistema de referencia queda especificada por tres coordenadas.

¿Existen límites para el espacio y el tiempo? En cierto sentido, sí. Según la Cosmología más moderna nuestro Universo nació con el *Big Bang* hace entre 12 000 y 15 000 millones de años. Esta enorme explosión señalaría el comienzo del tiempo y desde entonces las galaxias se irían alejando cada vez más las unas de las otras, como una inmensa burbuja que se hincha y cuyos límites señalan los confines del espacio. Pero lo que había antes del *Big Bang* o lo que hay más allá de los confines del Universo sigue siendo aún un gran misterio.

El transcurso del tiempo es irreversible y cuando un algo (como, por ejemplo, un incendio) ocurre, no se puede volver atrás.

Sin embargo, moverse en el espacio es una operación reversible, es decir, podemos desplazarnos para alcanzar otros lugares y después volver al punto de partida.

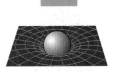

La relatividad general
pág. 88

LA MEDIDA DEL ESPACIO

Galileo Galilei
vol. 21 - pág. 34

El espacio es igual para todos, pero las unidades de medida que se utilizan para medirlo son muchas y muy diferentes. Las de los pueblos antiguos, por ejemplo, a menudo se basaban en las dimensiones del cuerpo humano. De esta forma, los antiguos egipcios usaban el cúbito real, que tenía la longitud del antebrazo y equivalía a unos 52 centímetros; mientras que el cúbito olímpico de los griegos equivalía a 46,3 centímetros. También en la actualidad coexisten varios sistemas junto al sistema métrico. En los países anglosajones se utiliza mucho la milla terrestre (1 609,3 metros), los marineros, por su parte, utilizan la milla marina (1 852 metros) y los aviadores expresan la cota en pies (30,48 centímetros).

A pesar de estas diferencias, casi todos los países ya han adoptado el Sistema Internacional, cuya unidad de medida para la longitud es el metro. Aunque en realidad el metro se introdujo en 1791. El metro patrón, una barra metálica con una longitud equivalente a la cuarenta millonésima parte de un meridiano terrestre, se conserva aún en la Oficina Internacional de Pesos y Medidas de Sèvres, cerca de París. Ya es una pieza de museo. Actualmente el metro está definido de una forma mucho más precisa: como el espacio recorrido por la luz en el vacío en un

Isaac Newton
vol. 21 - pág. 80

Einstein
y la relatividad
vol. 24 - pág. 24

Los antiguos romanos medían las distancias en pasos. A lo largo de sus calzadas ponían un cipo cada 1 000 pasos que correspondían a un milla romana (1 460 metros). A veces también se utilizaba la legua galica, equivalente a 2 220 metros.

Con los instrumentos modernos, como el láser, se pueden medir distancias y desplazamientos pequeñísimos, como los de un continente respecto a otro.

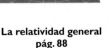

El metro es uno de los productos de la Revolución francesa.
El primer metro patrón es un barra de platino-iridio conservada a temperatura, presión y humedad constantes.

La relatividad general
pág. 88

La relatividad general pág. 88

tiempo de 1/299 792 458 de segundo. Para las longitudes muy reducidas o muy grandes, el metro es una unidad más bien incómoda. Por este motivo se utilizan sus múltiplos y submúltiplos. Para las dimensiones de las moléculas, por ejemplo, los químicos usan el ángstrom, es decir, una diezmilésima de millón de metro; mientras los astrónomos calculan las distancias en años luz, es decir, según la distancia recorrida por la luz en un año. Un año luz equivale a 9 460 000 de millones de kilómetros.

Los metros que encontramos en nuestras casas son una «imitación» del metro patrón. Aunque no sean ultraprecisos, deben llevar un cuño como garantía de su fidelidad al metro patrón.

El sistema métrico decimal
vol. 22 - pág. 78

El sistema métrico decimal vol. 22 - pág. 78

LA MEDIDA DEL TIEMPO

Todos tenemos una forma intuitiva de sentir que el tiempo discurre, aunque no lo podamos percibir por ninguno de nuestros sentidos. Pero los científicos necesitan medir el tiempo de una forma precisa y objetiva. Estudiar los fenómenos significa comprender cómo evolucionan con el tiempo y, si es posible, prever su comportamiento futuro. La invención de relojes capaces de determinar de forma cada vez más precisa la duración de los eventos se produjo al mismo tiempo que se verificaban los progresos de la ciencia. El primer gran reloj del ser humano ha sido la propia Tierra. Precisamente al movimiento de nuestro planeta se deben los ciclos que durante milenios han medido el tiempo: el retorno de las estaciones, las fases de la Luna y la alternancia del día y la noche, que se repiten de forma precisa y regular. Todavía actualmente se utilizan tres escalas temporales principales basadas en los movimientos

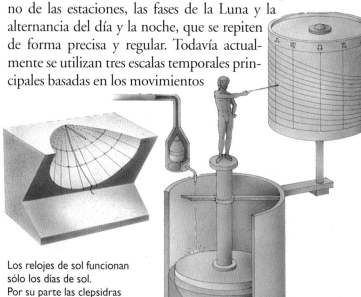

Los relojes de sol funcionan sólo los días de sol.
Por su parte las clepsidras y los relojes de agua funcionan también de noche o cuando hay nubes. Integrando ambos instrumentos se alcanza una precisión notable.

El inglés John Harrison construyó los primeros relojes lo suficientemente precisos como para calcular la longitud en el mar. Él fue el que acuñó la palabra cronómetro para sus instrumentos.

celestes. El tiempo de las efemérides está ligado al movimiento de la Tierra alrededor del Sol; mientras que el tiempo sideral se basa en el movimiento de la esfera celeste observado desde la Tierra.

La escala más utilizada, y en la que se basan nuestros relojes, es el tiempo universal, ligado a la rotación terrestre. El tiempo universal se fundamenta en la duración del día, es decir, el intervalo de 24 horas entre dos pasos del Sol sobre el mismo meridiano. En realidad esta duración es más bien irregular: a causa de la órbita elíptica de nuestro planeta y de la inclinación de su eje, la duración de un día puede variar en decenas de segundos en un año y cada cierto tiempo se deben volver a sincronizar los relojes. La duración de un segundo, que hasta 1960 se aplicaba a la 86 400-ava parte del día solar medio, actualmente se define con relojes atómicos ultraprecisos y es independiente de los movimientos de la Tierra.

La relatividad restringida
pág. 86

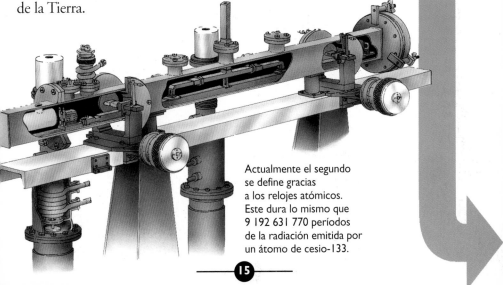

Actualmente el segundo se define gracias a los relojes atómicos. Este dura lo mismo que 9 192 631 770 períodos de la radiación emitida por un átomo de cesio-133.

EL MOVIMIENTO

Todo se mueve alrededor de nosotros. Cuando parece que las cosas están totalmente inmóviles, en realidad se están produciendo infinitos movimientos: los continentes se desplazan de forma imperceptible pero continua; las moléculas de agua en un vaso están agitadas por un movimiento frenético; también la alternancia del día y la noche se debe a la rotación de la Tierra. Desde siempre los seres humanos se han dado cuenta de la importancia del movimiento. Heráclito (filósofo griego del siglo VI a.C.) afirmaba que «todo discurre, nada permanece»: el flujo universal y perenne de las cosas es la esencia de la propia naturaleza. El estudio de la naturaleza también implica conocer las causas del movimiento, a qué fuerzas obedecen estos movimientos y cómo es posible prever sus trayectorias. Algunos movimientos fundamentales, dada su simplicidad, resultan extremadamente útiles en el estudio del movimiento. Entre estos se encuentra el movimiento rectilíneo uniforme, llevado a cabo por un cuerpo que avanza en línea recta a

velocidad constante; el movimiento uniformemente acelerado, en el que un objeto está sometido a una aceleración uniforme, como por ejemplo una piedra en caída libre; y el movimiento rotatorio uniforme, que se desarrolla a lo largo de una trayectoria circular recorrida siempre a la misma velocidad. La Cinemática describe los desplazamientos de los objetos; la Dinámica se ocupa de sus causas. Finalmente la Estática estudia las condiciones en las que los objetos están parados. Son precisamente las leyes de la estática las que establecen, por ejemplo, si un edificio o un puente podrán resistir el peso que tendrán que soportar. Ni siquiera la mecánica de Newton puede explicar todos los movimientos. Para los movimientos que se producen en el interior de un átomo se utiliza la denominada Mecánica Cuántica; mientras que para velocidades cercanas a la de la luz predomina la Teoría de la Relatividad de Albert Einstein.

Esta fotografía, obtenida gracias a un tiempo de exposición prolongado, resalta el movimiento de los automóviles. Sus faros aparecen como tiras de luz porque los vehículos se estaban desplazando mientras se tomaba la imagen.

El experimento del péndulo de Foucault muestra la rotación terrestre. El plano de oscilación del péndulo parece rotar con el paso de las horas. En realidad, está parado y es la Tierra la que gira bajo el péndulo.

La Tierra gira, por lo tanto, un objeto parado en el ecuador se mueve en realidad 1 656 kilómetros cada hora. Además la Tierra gira alrededor del Sol a 107 280 kilómetros por hora y junto al Sistema Solar se desplaza en la galaxia a 900 000 kilómetros por hora. A su vez la galaxia atraviesa el Universo a 21 600 000 kilómetros por hora.

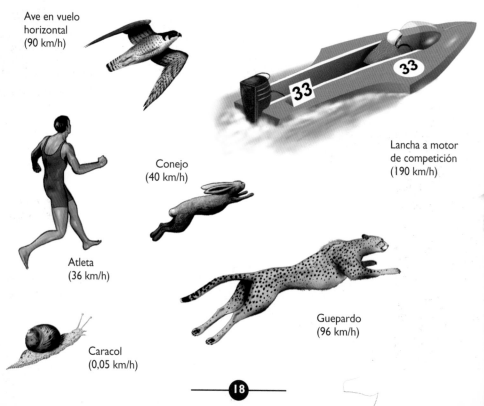

Ave en vuelo horizontal
(90 km/h)

Conejo
(40 km/h)

Lancha a motor de competición
(190 km/h)

Atleta
(36 km/h)

Guepardo
(96 km/h)

Caracol
(0,05 km/h)

Hasta que se inventaron los primeros automóviles los desplazamientos se realizaban sólo a pie o a caballo. Pero aunque algunos animales son veloces, ninguno puede competir con los medios de transporte modernos. Actualmente existen vehículos capaces de superar varias veces la velocidad del sonido.

Asteroide
(72 000 km/h)

¿Por qué se mueven los cuerpos celestes?
pág. 30

Avión a reacción
(3 529 km/h)

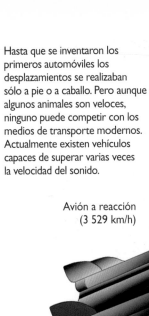

El movimiento rotatorio
pág. 46

Tren TGV Atlantique
(515,3 km/h)

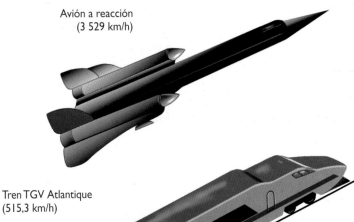

El movimiento de los fluidos
pág. 54

Coche deportivo
(325 km/h)

Automóvil-cohete
Thrust SSC
(1 230 km/h)

LAS LEYES
DE NEWTON

A veces los objetos están parados, otras veces se mueven. Pueden caer, acelerar, rebotar, reducir la velocidad, o simplemente andar de frente. Todo esto está regulado por los principios de la Dinámica, que permiten determinar las trayectorias seguidas por los cuerpos si se conocen las fuerzas que actúan sobre ellos. La mayoría de estos principios se conocen con el nombre de «Leyes de Newton» (nombre que se debe al gran estudioso que junto a Galileo contribuyó a definir los fundamentos de la Mecánica). Gracias a estos principios se han podido explicar, por ejemplo, los movimientos de los cuerpos celestes; además son indispensables para calcular las trayectorias de los cohetes y para poner en órbita los satélites.

La Primera Ley de Newton afirma que si un cuerpo no está sujeto a fuerzas, o si las fuerzas que actúan sobre él se anulan unas a las otras, este permanece parado o sigue su movimiento en línea recta con velocidad constante. Es decir, si un cuerpo está parado o se mueve a una velocidad constante significa que la suma de las eventuales fuerzas a las que está sometido es nula. Sin embargo, si cuando un objeto se acelera, frena o tuerce, por lo que su velocidad cambia, significa que sufre la acción de alguna fuerza.

Galileo y el método científico
vol. 21 - pág. 38

La mecánica de Newton
vol. 21 - pág. 82

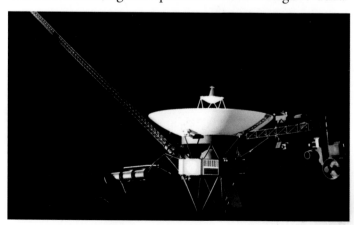

La relatividad restringida
pág. 86

Cuanto mayor es la fuerza de la que disponemos, más intensa es la aceleración. Por esto las escuderías de Fórmula 1 construyen motores cada vez más potentes: una aplicación de la Segunda Ley de Newton.

La Segunda Ley de Newton establece que precisamente el cambio de velocidad, es decir, la aceleración, es proporcional a la fuerza que actúa sobre un cuerpo: a mayor fuerza, más repentino será el cambio de velocidad.

La Tercera Ley de Newton afirma que si un objeto A ejercita una fuerza sobre un objeto B, entonces también B ejercita una fuerza igual y contraria sobre A. Por lo tanto, es verdad que una pelota es atraída por la Tierra, pero también es verdad que la pelota atrae a la Tierra.

Un cañón produce una fuerza sobre el proyectil, pero también el proyectil provoca una fuerza igual y contraria sobre el cañón que, de hecho, es lanzado hacia atrás en el momento del disparo: una aplicación de la Tercera Ley de Newton.

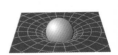

La relatividad general
pág. 88

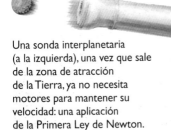

Una sonda interplanetaria (a la izquierda), una vez que sale de la zona de atracción de la Tierra, ya no necesita motores para mantener su velocidad: una aplicación de la Primera Ley de Newton.

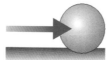

LAS FUERZAS

Para mover un carrito es necesario impulsarlo, mientras que un automóvil necesita el impulso de un motor. Un objeto parado no se pone en movimiento solo, necesita una fuerza para desplazarlo. Esta puede venir de los músculos, de los pistones de un motor, pero también de un imán que provoque una fuerza sobre una bolita de hierro, o de la Tierra, que hace sentir su atracción sobre todas las cosas.

Por lo tanto, las fuerzas pueden tener orígenes diferentes. Pero tienen una característica que las distingue y que sirve para definirlas: una fuerza es cualquier causa capaz de modificar o de hacer que comience el movimiento de un objeto. Cuando un cuerpo se pone en movimiento, reduce la velocidad, o cambia la dirección de su marcha, significa que está sometido a una fuerza; si, por el contrario, permanece parado o continúa inalterada su trayectoria rectilínea, las fuerzas agentes sobre él son nulas o se compensan recíprocamente.

**Las fuerzas
fundamentales
vol. I - pág. 26**

**La mecánica
de Newton
vol. 21 - pág. 82**

Cuando dos fuerzas tienen la misma intensidad pero direcciones opuestas se anulan la una a la otra. En este caso el sistema sobre el que actúan permanece en equilibrio y comienza a moverse sólo cuando una de las fuerzas prevalece.

Los físicos representan las fuerzas por medio de flechas llamadas vectores. La longitud del vector indica la intensidad de la fuerza que actúa en la dirección de la flecha. De este modo, nuestro peso se representa mediante una flecha que apunta hacia abajo, hacia el centro de la Tierra, mientras la fuerza motriz que actúa sobre un automóvil se indica mediante una flecha que apunta hacia delante o hacia atrás según el coche acelere o frene.

En la naturaleza existen cuatro grandes familias de fuerzas. Las fuerzas gravitacionales, que actúan sobre cualquier cuerpo dotado de masa, nos mantienen pegados al suelo y rigen el movimiento de los cuerpos celestes. Las fuerzas electromagnéticas, que hacen funcionar todos nuestros aparatos eléctricos, permiten enviar las señales de radio o encender una bombilla. Finalmente tenemos las fuerzas nucleares, que actúan sólo en distancias comparables con las dimensiones de los núcleos atómicos. Estas últimas se dividen en fuerzas nucleares fuertes y débiles. Actualmente los físicos tratan de descubrir si estos cuatro tipos de fuerzas están realmente separados o si, por el contrario, se trata de manifestaciones de una única y potente «superfuerza».

Un cuerpo puede estar sometido a varias fuerzas al mismo tiempo. Entonces es como si actuase una única fuerza, resultado de la combinación de todas ellas.

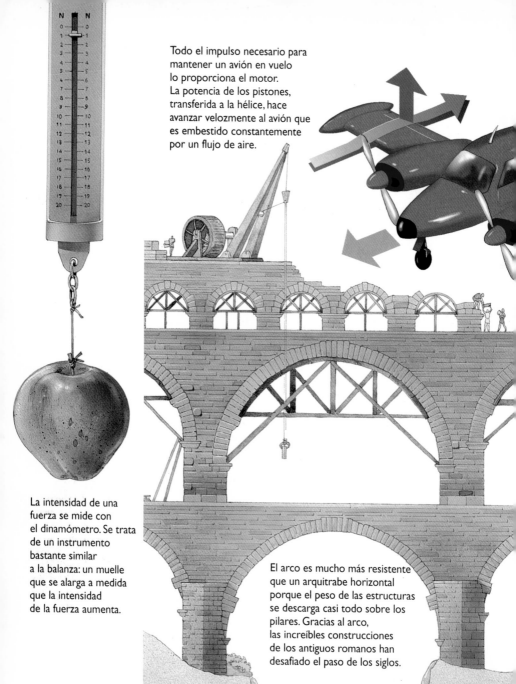

Todo el impulso necesario para mantener un avión en vuelo lo proporciona el motor. La potencia de los pistones, transferida a la hélice, hace avanzar velozmente al avión que es embestido constantemente por un flujo de aire.

La intensidad de una fuerza se mide con el dinamómetro. Se trata de un instrumento bastante similar a la balanza: un muelle que se alarga a medida que la intensidad de la fuerza aumenta.

El arco es mucho más resistente que un arquitrabe horizontal porque el peso de las estructuras se descarga casi todo sobre los pilares. Gracias al arco, las increíbles construcciones de los antiguos romanos han desafiado el paso de los siglos.

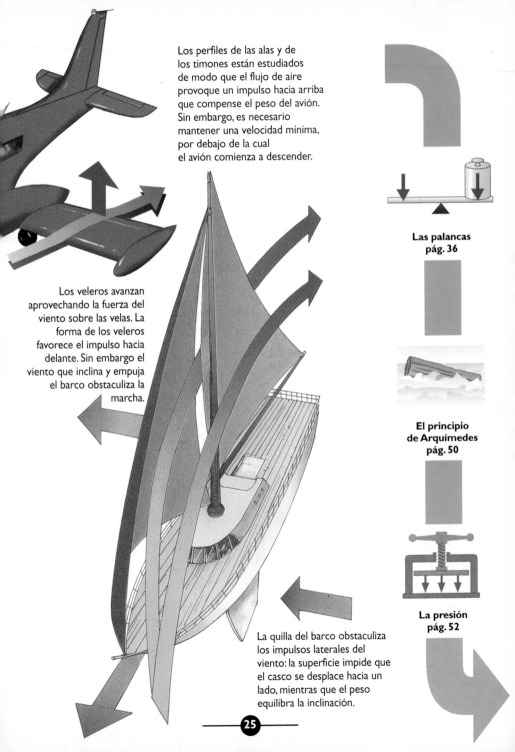

Los perfiles de las alas y de los timones están estudiados de modo que el flujo de aire provoque un impulso hacia arriba que compense el peso del avión. Sin embargo, es necesario mantener una velocidad mínima, por debajo de la cual el avión comienza a descender.

Los veleros avanzan aprovechando la fuerza del viento sobre las velas. La forma de los veleros favorece el impulso hacia delante. Sin embargo el viento que inclina y empuja el barco obstaculiza la marcha.

Las palancas
pág. 36

El principio
de Arquímedes
pág. 50

La presión
pág. 52

La quilla del barco obstaculiza los impulsos laterales del viento: la superficie impide que el casco se desplace hacia un lado, mientras que el peso equilibra la inclinación.

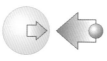

LA GRAVITACIÓN UNIVERSAL

**Las fuerzas
fundamentales
vol. I - pág. 26**

Todos estamos sometidos a la fuerza de la gravedad. Debemos vencerla cada vez que queremos dar un salto o cada vez que levantamos algo. Pero la fuerza de la gravedad no actúa sólo sobre la Tierra, es un poco la reina de todas las fuerzas del Universo. Comprender que esta fuerza, que nos mantiene ligados al suelo y hace caer una piedra, es también la misma que regula el movimiento de los planetas y de las galaxias más remotas no es muy simple. Fue una conquista enorme en la historia de la ciencia, que comenzó con Johannes Kepler a comienzos del siglo XVII y terminó con Isaac Newton cincuenta años más tarde. Según la leyenda, el joven Newton estaba contemplando la Luna cuando le distrajo una manzana que caía de un árbol cercano. Reflexionando sobre lo que había ocurrido y profundizando en la similitud entre la manzana y la Luna, el gran científico llegó a formular la Ley de la Gravitación Universal.

Esta ley afirma que todos los cuerpos dotados de una masa se atraen recíprocamente. Cuanto mayor es la masa, más intensa resulta la atracción, que sin embargo disminuye al aumentar la distancia. Más concretamente: la fuerza con la que dos cuerpos

**Newton
y la astronomía
vol. 21 - pág. 86**

La enorme masa de la Tierra atrae todo hacia su superficie. Por este motivo los objetos tienen un peso y caen hacia abajo si no están sostenidos.

Cuando nos alejamos de la superficie terrestre la fuerza de la gravedad disminuye. Por esto los astronautas (a la derecha) flotan en el espacio casi sin peso.

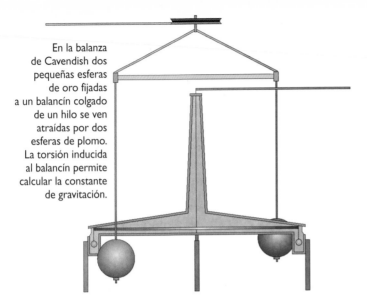

En la balanza de Cavendish dos pequeñas esferas de oro fijadas a un balancín colgado de un hilo se ven atraídas por dos esferas de plomo. La torsión inducida al balancín permite calcular la constante de gravitación.

¿Por qué se mueven los cuerpos celestes? pág. 30

se atraen es igual al producto de sus masas, dividido por su distancia elevada al cuadrado, todo ello multiplicado por un número constante, denominado constante de gravitación universal. Nuestro peso es el resultado de esta fuerza y esta también es la «correa» que mantiene a los planetas ligados al Sol. También las mareas son el resultado de la fuerza de atracción gravitacional que la Luna ejerce sobre la Tierra. De hecho, es el paso de nuestro satélite el que eleva periódicamente la masa de agua de los mares provocando la marea alta.

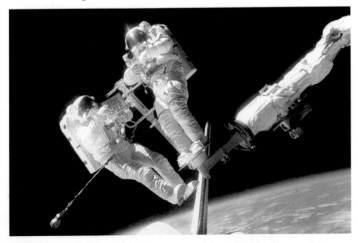

El cosmos
vol. 5

LA CAÍDA DE LOS CUERPOS

Un alfiler pesa menos de un gramo y si lo dejamos caer llega al suelo muy rápidamente. También una hoja de papel pesa menos de un gramo, pero cae mucho más lentamente que un alfiler y revolotea por el aire antes de tocar el suelo. Si se hace una bola con la misma hoja cae directamente y su velocidad aumenta. Tanto el peso como la forma de los objetos juegan un papel importante en el modo en qué caen al suelo.

Los factores que influyen en la caída de los cuerpos son principalmente dos: la fuerza de la gravedad que atrae a los objetos y la resistencia del aire que se opone a su movimiento. La fuerza de la gravedad, debida a la enorme masa de la Tierra, atrae hacia abajo a todos los objetos que tienen masa. Cuanto mayor es la masa, más intensa es la fuerza de atracción; pero la velocidad de caída depende sólo del tiempo transcurrido desde el comienzo del vuelo y de la velocidad de lanzamiento. Sin el aire el peso de un objeto no influye en la velocidad de caída: un bloque de granito y una pluma de oca lanzados al mismo tiempo desde la misma altura y con un empuje igual llegarían al suelo al mismo tiempo, con velocidades idénticas y tras haber recorrido todo su vuelo juntos.

En la Tierra, sin embargo, la caída nunca es libre y es necesario tener en cuenta la resistencia del aire que se hace cada vez más fuerte a medida que la velocidad aumenta. Según su peso y su forma, cada objeto cae en el aire con una velocidad máxima, denominada velocidad límite, alcanzada cuando la resistencia y la atracción gravitacional se compensan. Un cuerpo con forma alargada y compacto tiene una velocidad límite superior que uno plano, pero una vez que alcanza la velocidad límite no puede acelerar más.

Las fuerzas pág. 22

Galileo Galilei vol. 21 - pág. 34

Newton y la astronomía vol. 21 - pág. 86

La velocidad límite de un paracaidista en caída libre va de 200 a 500 kilómetros hora, según su posición y la cota de lanzamiento, pero cuando abre el paracaidas esta desciende de golpe a cerca de 10 kilómetros por hora.

Sin el aire, un objeto lanzado desde la Torre de Pisa, que tiene una altura de 55 metros, llegaría al suelo en 3,3 segundos a 120 kilómetros por hora. Fue precisamente desde esta torre desde la que Galileo llevó a cabo algunos de sus experimentos sobre la caída de los cuerpos.

En un tubo al vacío la atracción del aire se elimina. Por lo tanto una bolita de plomo y una pluma caen juntos y su velocidad aumenta 36 kilómetros por hora cada segundo tras la partida.

La conservación de la energía
pág. 72

¿POR QUÉ SE MUEVEN LOS CUERPOS CELESTES?

Todos los objetos que pueblan el cosmos: galaxias, estrellas, planetas, cometas, pequeños asteroides..., no han cesado nunca en su continuo movimiento desde que el Universo nació, según la Teoría del *Big Bang*, hace entre 12 000 y 15 000 millones de años. Pero los desplazamientos que observamos desde la Tierra nos engañan: las estrellas parecen recorrer círculos porque somos nosotros los que giramos junto a nuestro planeta debajo de ellas. El comprender los movimientos reales de los objetos celestes ha sido una empresa científica que ha requerido siglos de esfuerzos y sacrificios. La fuerza de la gravedad es la dominadora absoluta de los movimientos astronómicos. Sólo la fuerza de la gravedad determina las trayectorias de todos los cuerpos celestes, tanto las cerradas de los planetas, ligados al Sol por una correa invisible, como las de otros cuerpos, planetas o asteroides, que pueden tener órbitas abiertas. Conociendo la fuerza de la gravedad, los astrónomos consiguen prever con mucha anticipación los movimientos celestes y anunciar eventos como los eclipses de Sol y de Luna, o también calcular a qué distancia de la Tierra pasará un asteroide.

En el Sistema Solar el movimiento de los planetas sigue tres simples leyes formuladas al comienzo del siglo XVII por el astrónomo alemán Johannes Kepler. Así, los planetas no se mueven a lo largo de órbitas perfectamente circulares, sino a lo largo de elip-

La gravitación universal pág. 26

Newton y la astronomía vol. 21 - pág. 86

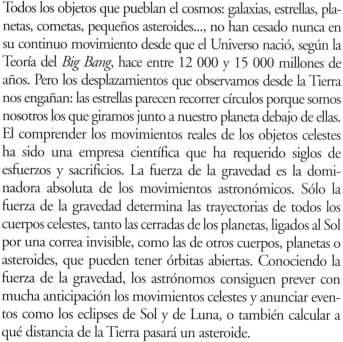

El radio que conecta un planeta con el Sol «barre» áreas iguales en períodos de tiempo iguales. Las zonas sombreadas de la figura tienen la misma superficie y el planeta viaja más velozmente a medida que se acerca a la estrella.

Para poner en órbita un satélite artificial es necesario proporcionarle una cierta velocidad inicial que depende del tipo de ruta deseada. Las sondas interplanetarias deben tener un impulso suficiente para salir del campo de gravedad terrestre.

El impulso inicial necesario para lanzar el *Space Shuttle* se lo proporcionan sus cohetes laterales. Una vez consumido el carburante se desenganchan y la nave alcanza la órbita con sus propios motores.

ses dentro de las cuales el Sol ocupa uno de los focos. Existe una parte de la órbita que pasa más cerca del Sol (el perihelio), que el planeta recorre más velozmente, y una parte más lejana respecto a la estrella (el afelio), que el planeta recorre más lentamente. Además hay una relación regular para todos los planetas entre la dimensión de su órbita y el período de revolución: la relación entre la distancia media del Sol elevada al cubo y el período de revolución elevado al cuadrado es constante.

EL PÉNDULO

El péndulo es un objeto más bien simple, pero sus propiedades son sorprendentes e interesantes. Estas propiedades han permitido construir los primeros instrumentos de precisión, por ejemplo los relojes, y llevar a cabo algunos experimentos científicos como la medida precisa de la fuerza de la gravedad o la demostración de la rotación de la Tierra, realizada en 1851 por León Foucault.

El primero que estudió y comprendió las propiedades del péndulo fue Galileo Galilei. Según la leyenda, al científico le despertaron cierta curiosidad las oscilaciones de una lámpara colgada de un bóveda del Baptisterio de la Catedral de Pisa y comenzó sus observaciones usando sus propias pulsaciones como cronómetro.

El movimiento de un péndulo es periódico, es decir, sus oscilaciones se repiten de forma idéntica tras un intervalo de tiempo denominado precisamente período. Una de las importantes propiedades del péndulo es que, si las oscilaciones no son demasiado fuertes, su período depende sólo de la longitud del hilo y de la aceleración de la gravedad. Acortando el hilo el período se hace más breve, mientras que si la fuerza disminuye el período se alarga. Otra interesante propiedad

Las fuerzas
pág. 22

La medida del tiempo
pág. 14

La regularidad de las oscilaciones del péndulo fue aprovechada para construir los primeros relojes mecánicos. La tendencia a disminuir de intensidad es compensada por un sistema de carga con peso o con muelle.

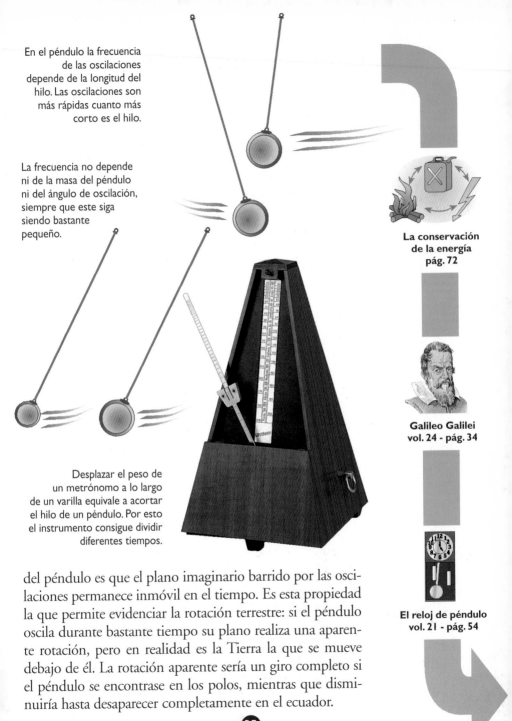

En el péndulo la frecuencia de las oscilaciones depende de la longitud del hilo. Las oscilaciones son más rápidas cuanto más corto es el hilo.

La frecuencia no depende ni de la masa del péndulo ni del ángulo de oscilación, siempre que este siga siendo bastante pequeño.

La conservación de la energía pág. 72

Galileo Galilei vol. 24 - pág. 34

Desplazar el peso de un metrónomo a lo largo de un varilla equivale a acortar el hilo de un péndulo. Por esto el instrumento consigue dividir diferentes tiempos.

del péndulo es que el plano imaginario barrido por las oscilaciones permanece inmóvil en el tiempo. Es esta propiedad la que permite evidenciar la rotación terrestre: si el péndulo oscila durante bastante tiempo su plano realiza una aparente rotación, pero en realidad es la Tierra la que se mueve debajo de él. La rotación aparente sería un giro completo si el péndulo se encontrase en los polos, mientras que disminuiría hasta desaparecer completamente en el ecuador.

El reloj de péndulo vol. 21 - pág. 54

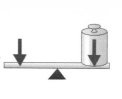

LAS PALANCAS

«Dadme un punto de apoyo y moveré el mundo». Esta frase, supuestamente pronunciada por Arquímedes, resume la increíble potencia de las palancas. La palanca es una de las máquinas más simples y eficaces construidas por el ser humano. Son muchos los objetos que usamos todos los días y que se rigen por el principio de las palancas. Unas tijeras, los pedales de una bicicleta, una balanza, los mecanismos de un piano, las bielas de un motor, nuestros propios brazos y piernas: son todos ejemplos de palancas más o menos elaboradas. Las palancas más simples son barras rígidas y robustas que pueden girar alrededor de un punto fijo llamado fulcro. A una cierta distancia del fulcro, en el denominado brazo, se aplican dos fuerzas: la potencia y la resistencia.

La palanca está en equilibrio cuando los productos de la resistencia y de la potencia por la longitud de sus respectivos brazos son iguales. De otra forma la palanca se inclinaría en dirección de la potencia o de la resistencia. Y precisamente en este hecho se basan las propiedades de las palancas.

Las fuerzas pág. 22

Aplicando, por ejemplo, una pequeña potencia a un brazo muy largo, se puede vencer una resistencia mucho mayor que si se aplica a un brazo corto. Por esto la fuerza de una persona que actúa sobre una palanca

Unas tenazas o un cabrestante a manivela son ejemplos de palancas del primer tipo, con el fulcro entre las dos fuerzas, en los que una pequeña potencia aplicada a un brazo largo vence una mayor resistencia que si se aplica a un brazo corto.

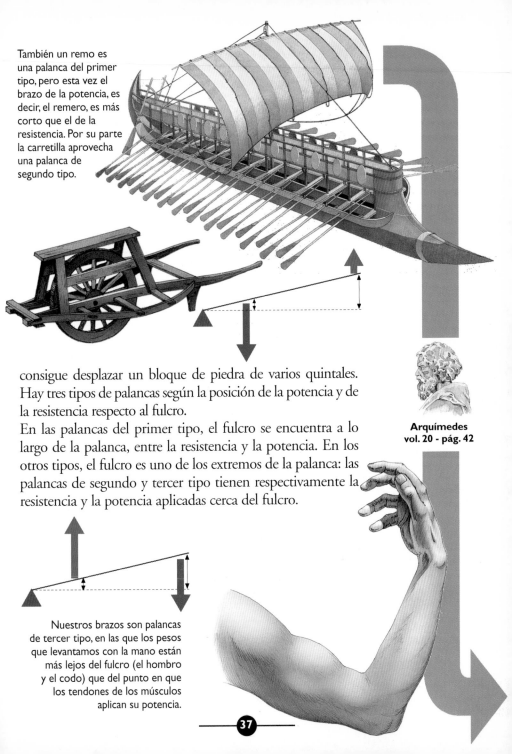

También un remo es una palanca del primer tipo, pero esta vez el brazo de la potencia, es decir, el remero, es más corto que el de la resistencia. Por su parte la carretilla aprovecha una palanca de segundo tipo.

consigue desplazar un bloque de piedra de varios quintales. Hay tres tipos de palancas según la posición de la potencia y de la resistencia respecto al fulcro.

En las palancas del primer tipo, el fulcro se encuentra a lo largo de la palanca, entre la resistencia y la potencia. En los otros tipos, el fulcro es uno de los extremos de la palanca: las palancas de segundo y tercer tipo tienen respectivamente la resistencia y la potencia aplicadas cerca del fulcro.

Arquímedes
vol. 20 - pág. 42

Nuestros brazos son palancas de tercer tipo, en las que los pesos que levantamos con la mano están más lejos del fulcro (el hombro y el codo) que del punto en que los tendones de los músculos aplican su potencia.

LAS MÁQUINAS SIMPLES

Palancas, cuñas, poleas, aparejos, tornillos, ruedas dentadas: son todos ejemplos de máquinas simples. Aunque, como dice su propio nombre, se trata de dispositivos con un principio de funcionamiento bastante simple, han tenido un papel importantísimo en nuestra civilización. Antes de la invención del motor a vapor, a finales del siglo XVIII, las máquinas simples constituían todos los instrumentos tecnológicos de los seres humanos. Aprovechando sus características se han construido innumerables obras verdaderamente imponentes, gracias a la fuerza de los brazos y, sobre todo, al ingenio.

Desde los templos de la Acrópolis de Atenas a los grandes acueductos romanos y las catedrales góticas, las obras de ingeniería del pasado deben su existencia a las máquinas simples. Y aún hoy, con la fuerza de los motores en lugar de la de los músculos, estas continuan desarrollando una importante función en muchísimas maquinarias.

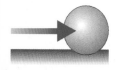

Las fuerzas
pág. 22

La característica fundamental de una máquina simple es que permite equilibrar dos fuerzas, una resistencia y una potencia, de intensidad y dirección diferentes. Estas máquinas se denominan ventajosas, indiferentes o no ventajosas dependiendo de si la potencia es menor, igual o mayor que la resistencia. Las que más se utilizan son las máquinas ventajosas, gracias a las cuales es necesaria una potencia más bien pequeña, normalmente la fuerza de un ser humano o de un animal, para vencer resistencias mucho mayores, como la de grandes pesos que se deben desplazar. Las máquinas simples fundamentales son la palanca y el plano inclinado. En el principio de la palanca se basan el cabrestante, la polea y los aparejos; con el del plano inclinado funcionan la cuña y el tornillo.

Una hélice encerrada en un tubo puede servir para sacar agua. Un extremo del tubo se encuentra sumergido en un pozo y a medida que la hélice gira, el agua sube hacia el otro extremo. De este modo el agua puede incluso superar notables desniveles.

La polea simple es una máquina indiferente ya que la potencia necesaria para equilibrar el peso debe ser igual al propio peso. Si se utilizan varias poleas para constituir un aparejo, la máquina se convierte en ventajosa y para elevar el peso basta con una pequeña potencia.

Antes de la difusión de los motores, la única fuerza siempre disponible era la de los músculos. Gracias a las máquinas simples y a su capacidad de aprovechar fuerzas pequeñas para actuar sobre objetos muy pesados también la fuerza muscular bastaba para construir obras monumentales.

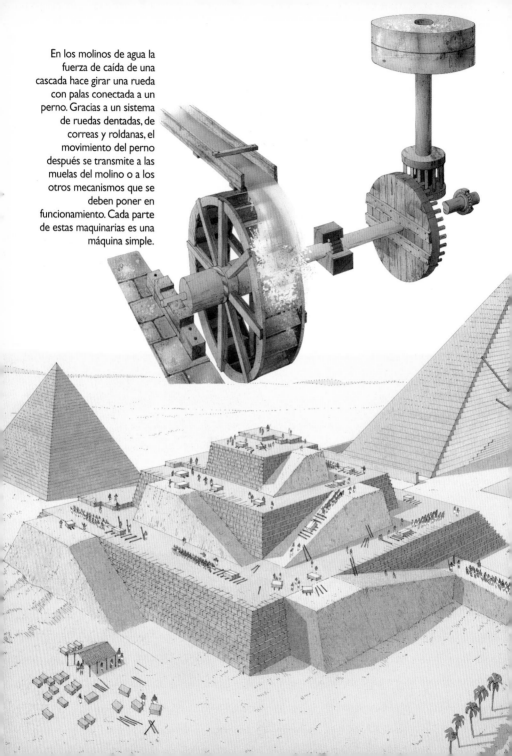

En los molinos de agua la fuerza de caída de una cascada hace girar una rueda con palas conectada a un perno. Gracias a un sistema de ruedas dentadas, de correas y roldanas, el movimiento del perno después se transmite a las muelas del molino o a los otros mecanismos que se deben poner en funcionamiento. Cada parte de estas maquinarias es una máquina simple.

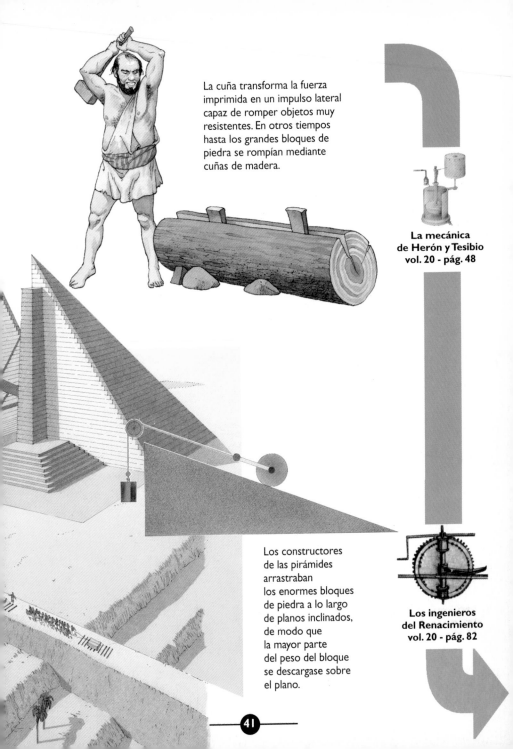

La cuña transforma la fuerza imprimida en un impulso lateral capaz de romper objetos muy resistentes. En otros tiempos hasta los grandes bloques de piedra se rompían mediante cuñas de madera.

La mecánica de Herón y Tesibio
vol. 20 - pág. 48

Los constructores de las pirámides arrastraban los enormes bloques de piedra a lo largo de planos inclinados, de modo que la mayor parte del peso del bloque se descargase sobre el plano.

Los ingenieros del Renacimiento
vol. 20 - pág. 82

LA FRICCIÓN

El vagón de un tren sin locomotora reduce la velocidad y se para igual que un barco sin el impulso del viento o un péndulo sin un sistema de carga. Esto se debe a la fricción, una fuerza que actúa siempre en dirección opuesta al movimiento y que lo anula si no se equilibra continuamente. La fricción es prácticamente ineliminable y transforma la energía de movimiento en calor: el objeto reduce su velocidad y los puntos en los que la fricción se desarrolla y actúa se recalientan. A veces, es una desventaja pero otras veces, la fricción es algo indispensable. Los constructores de automóviles, por ejemplo, tratan de reducir al mínimo la fricción en el interior del motor o la que existe entre la carrocería y el aire que obstaculiza al vehículo. Pero al mismo tiempo quieren aumentar al máximo la fricción de las ruedas con la carretera y la producida por los frenos que hacen el automóvil más seguro. Hay diferentes tipos de fricción: la fricción rasante es la que se desarrolla cuando un cuerpo se desliza sobre una superficie,

Las fuerzas
pág. 22

El calor
pág. 62

El peso del ciclista aumenta la fricción entre las ruedas y el terreno. En una superficie resbaladiza conviene mantenerse sentados, de este modo la presión sobre la rueda posterior impide que esta resbale.

Cuanto más lisa es una superficie, menor es la fricción que desarrolla. Pero, también las superficies que a simple vista parecen lisas son en realidad rugosas e irregulares, por lo tanto, provocan una cierta fricción.

La conservación de la energía
pág. 72

El cojinete en forma de esfera transforma la fricción rasante en fricción rodante. En lugar de rozar una contra la otra las dos superficies del cojinete ruedan sobre las esferas colocadas entre ellas.

como un par de esquís sobre la nieve; la rodante aparece cuando un cuerpo rueda, como una pelota o una rueda. Estas fricciones dependen principalmente de las características de las superficies que se ponen en contacto y se hacen más intensas si las fuerzas que presionan las superficies una contra otra aumentan. También existe una fricción debida al desplazamiento de un cuerpo en un medio fluido como el aire o el agua, que depende de la forma del cuerpo y aumenta con su velocidad. Para calcular la fricción es necesario conocer un coeficiente que varía según los casos. Por ejemplo, el coeficiente de fricción rodante entre dos metales es menor que el rasante. Por este motivo conviene hacer que el tren ruede sobre las vías en lugar de arrastrarlo.

Los meteoritos
vol. 5 - pág. 44

La forma de los coches de carreras se estudia en la galería del viento para reducir al mínimo el coeficiente aerodinámico y, por lo tanto, su fricción con el aire.

La rueda
vol. 20 - pág. 14

LAS COLISIONES

Las colisiones son fenómenos mediante los cuales dos cuerpos se ponen en contacto durante un período de tiempo muy breve tras el cual, su dirección y su velocidad cambian respecto a las que tenían antes de la colisión. En la vida cotidiana, normalmente, intentamos evitar las colisiones: viajando en coche o simplemente andando no queremos chocar contra nada. Sin embargo, en algunas ocasiones, las colisiones son ventajosas, por ejemplo, un buen jugador de billar, si sabe aprovecharlas bien, dirigirá las bolas de billar donde quiera.

Para comprender el mecanismo de las colisiones es necesario considerar dos elementos muy importantes para todo cuerpo en movimiento. Todo objeto en movimiento posee una cierta cantidad de movimiento que es el producto de su masa por su velocidad. Además posee una cierta energía de movimiento, energía cinética, que también depende de la velocidad y de la masa del objeto. Cuanto mayor es la masa y la velocidad, mayores son las cantidades de movimiento y de energía cinética. Estas dos cantidades son la moneda de cambio de los choques: durante una colisión los dos cuerpos intercambian parte de su energía cinética y de su cantidad de movimiento. Dependiendo de cómo se realice este intercambio hay

El movimiento
pág. 16

¿Qué es la energía?
pág. 58

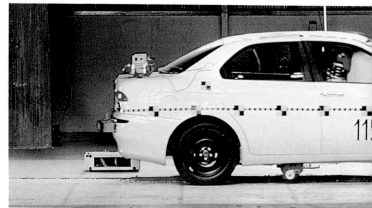

La temperatura
pág. 66

El palo cede parte de su cantidad de movimiento y energía cinética a la pelota. Puesto que son objetos duros, lo que ha cedido el palo lo ha ganado la pelota y el golpe es casi elástico.

diferentes tipos de colisión. El caso ideal es el del choque elástico: tras la colisión cada uno de los cuerpos se encuentra con una cantidad de movimiento y de energía cinética diferente, pero considerando el sistema total de ambos cuerpos, la suma de estas magnitudes permanece constante. En realidad ningún choque es perfectamente elástico porque cualquier objeto durante una colisión se deforma al menos un poco, consumiendo una parte de la energía cinética. Se habla entonces de choque anelástico.

En un accidente de carretera gran parte de la energía cinética se consume en la deformación y en el recalentamiento de la chapa y del obstáculo. A mayor velocidad más violenta será la deformación.

La conservación
de la energía
pág. 72

EL MOVIMIENTO ROTATORIO

El movimiento
pág. 16

Todos los objetos que se mueven no lo hacen en línea recta. En realidad siguen trayectorias curvas y cambian su dirección de forma más o menos repentina. Los cuerpos celestes, los cohetes, los aviones y los trenes: todo lo que se mueve, tarde o temprano, recorre curvas. El movimiento rectilíneo uniforme es una abstracción que en la práctica se puede verificar sólo en laboratorio en trayectos breves y períodos de tiempo limitados. El más simple de los movimientos curvilíneos es el movimiento rotatorio uniforme, en el que un cuerpo recorre una trayectoria perfectamente circular empleando siempre el mismo tiempo en la vuelta. Este tiempo se denomina período, mientras que el número de vueltas recorrido en un segundo es la frecuencia del movimiento. Un objeto en movimiento rotatorio uniforme viaja con una velocidad de valor constante. Pero, puesto que recorre un círculo, su dirección y la de su velocidad cambian continuamente. Luego, debe haber una aceleración que actúe sobre el objeto en movimiento. De hecho, este sufre una aceleración dirigida hacia el centro de la trayectoria, denominada aceleración centrípeta, que aumenta si la velocidad

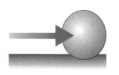

Las fuerzas
pág. 22

Cuanto más rápida es una moto, más fuerza es necesaria para desviar el momento angular de las ruedas, inclinarla y conseguir recorrer la curva.

El origen del Sistema Solar
vol. 5 - pág. 20

crece y si el radio de la órbita disminuye. A esta aceleración se añade una fuerza, llamada también centrípeta, que atrae constantemente el objeto hacia el centro de su trayectoria. Es esta especie de correa la que le hace recorrer una órbita circular y si la fuerza centrípeta cesa el cuerpo deja su órbita circular y sale despedido en la dirección de la tangente a la trayectoria circular, como un canto rodado lanzado con una honda.

Existen diversos elementos que pueden jugar el papel de fuerza centrípeta: para un satélite en órbita, esta está representada por la fuerza de la gravedad; para un automóvil en curva es la fricción entre el asfalto y los neumáticos.

En un carrusel advertimos una fuerza centrífuga: es la reacción a la fuerza centrípeta de la sillita que nos impulsa hacia el centro de la trayectoria.

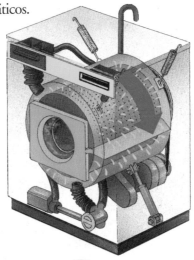

La lavadora aprovecha la fuerza centrífuga para escurrir la ropa. Cuando el tambor gira velozmente la ropa mojada queda aplastada contra las paredes. La presión aumenta cuanto más fuerte es la rotación y de esta forma se extrae el agua de las telas.

¿Por qué se mueven los cuerpos celestes?
pág. 30

EL EFECTO GIROSCÓPICO

El movimiento
pág. 16

Una bicicleta está en equilibrio sobre dos ruedas y una peonza consigue danzar sobre un hilo apoyada sobre su punta, a condición de que estén girando. Si están paradas, tanto la bicicleta como la peonza pierden el equilibrio y caen. Esto sucede porque es precisamente el movimiento rotatorio el que permite a la bicicleta y a la peonza permanecer en equilibrio. Si no hay movimiento no hay equilibrio y viceversa, cuanto más rápido giran, más estable es su equilibrio: este es el efecto giroscópico. Cuando un objeto gira, aparece una magnitud que se denomina angular. El momento angular no es una fuerza, pero es su presencia la que les proporciona equilibrio a la bicicleta y a la peonza. De hecho, el momento angular se puede representar por medio de una flecha que tiende a apuntar siempre en la misma dirección y para desplazarla es necesaria una cierta fuerza. En la bicicleta, el momento angular coincide con el eje de rotación de las ruedas y tiende siempre a permanecer paralelo al terreno impidiendo a la bicicleta inclinarse y caer, pero si la bicicleta está parada, el momento angular no existe y nada la mantiene en equilibrio. También la peonza, cuyo momento angular

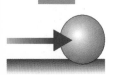

Las fuerzas
pág. 22

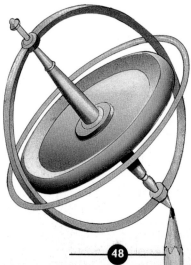

Un giroscopio en movimiento permanece en equilibrio en posiciones que no podría mantener parado. Pero, cuando está inclinado, también su eje rota diseñando una especie de cono. Este movimiento se denomina precesión.

Las brújulas giroscópicas son instrumentos que, colocados en los aviones, en lugar de apuntar siempre hacia el norte, señalan cualquier tipo de cambio en la disposición del vuelo.

El efecto giroscópico de las ruedas que giran ayuda a los pilotos de motocross a mantener su trayectoria también durante los saltos. Si las ruedas estuvieran paradas la moto sería mucho menos estable durante el vuelo.

apunta hacia arriba, permanece de pie mientras gira, y cae en cuanto se para. Cuando tiene un momento angular, un objeto se hace mucho más estable y esta propiedad se aprovecha de muchas formas. El proyectil de un cañón sale del cañón con una rotación fortísima que hace más precisa su trayectoria. En las embarcaciones se colocan pesados discos rotatorios que limitan el balanceo del casco. También en un automóvil las vueltas del motor contribuyen a la estabilidad: un coche que toma una curva en vacío se inclina mucho más que uno con el motor con más revoluciones.

EL PRINCIPIO DE ARQUÍMEDES

Las fuerzas pág. 22

Un trozo de madera flota, mientras que una piedra o un bloque de acero se hunden rápidamente. Y sin embargo, también una embarcación consigue flotar incluso aunque esté hecha de acero y no de madera. ¿Cómo es posible? La respuesta a esto la dio, en el siglo II a.C., Arquímedes de Siracusa. Parece ser que fue precisamente tras haber encontrado la Ley de la Hidrostática (que actualmente en su honor se denomina Principio de Arquímedes), cuando lanzó su famosa exclamación: «¡*eureka*!», es decir, «¡lo he encontrado!».

Arquímedes descubrió que cualquier cuerpo sumergido en un fluido, como el agua, el aire o el aceite, recibe un empuje hacia arriba. La intensidad del empuje es exactamente igual al peso del volumen de fluido desplazado por el cuerpo. Por ejemplo, un cuerpo que, sumergido en el agua, desplaza 1 000 centímetros cúbicos de líquido, recibe un empuje hacia arriba de un un kilo, es decir, precisamente el peso del volumen de agua desplazado. Naturalmente si el cuerpo pesa más de un kilo se hunde, sin embargo si pesa menos de un kilo flota. A igual volumen, el acero pesa siempre más que el agua mientras que la madera pesa

La masa y el peso pág. 32

Cuando un submarino quiere sumergirse llena sus depósitos de agua hasta que su peso supera el del agua que desplaza. Para mantener la profundidad, el peso del sumergible y del agua desplazada deben ser iguales, mientras que para emerger el submarino vacía los depósitos, aligerando su peso.

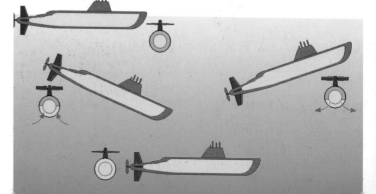

La parte sumergida de una nave desplaza un volumen de agua que pesa exactamente lo mismo que ella. Cuanto más cargada está la nave, más profundamente se sumerge su casco para desplazar un volumen mayor de agua.

menos, este es el motivo por el que un bloque de acero se hunde y uno de madera flota. ¿Y la embarcación? Una embarcación está construida con acero, pero está vacía, o mejor dicho, llena de aire. Su peso total es mucho menor que el del volumen del agua que desplazaría si estuviese totalmente sumergida. Por este motivo, el barco se sumerge hasta desplazar el volumen de agua que pesa lo mismo que la nave, alcanza la línea de flotación, y el resto de la embarcación continúa emergida. Si el casco se hiciera más pesado, el barco se sumergiría un poco más para reequilibrar el nuevo peso; pero, si el peso supera ciertos límites, ni siquiera todo su volumen consigue desplazar la suficiente cantidad de agua y el barco se hunde.

Arquímedes
vol. 20 - pág. 42

Un globo está lleno de aire caliente, más ligero que el aire frío circundante. Si el peso del aire frío desplazado supera el del globo este sube, si es menor desciende.

LA PRESIÓN

Si apoyamos la palma de la mano sobre una mesa no sucede nada, pero si la apoyamos sobre la punta de un clavo sentimos un pinchazo. El peso de la mano es siempre el mismo pero ha cambiado la superficie sobre la que se distribuye este peso. La relación entre una fuerza y la superficie sobre la que se distribuye es la presión. A paridad de fuerza, cuanto más pequeña es la superficie mayor resulta la presión.

Es especialmente interesante la presión de los fluidos. Cuando se presiona con cierta fuerza sobre la superficie de un líquido, por ejemplo empujando el émbolo de un recipiente al vacío, se genera una cierta presión que empuja sobre las paredes del recipiente. No sólo eso: cualquier otra superficie en contacto con el líquido, por ejemplo, la de un cuerpo sumergido, sentiría la misma presión. Esta ley se aprovecha de diferentes formas para ampliar las fuerzas. Una fuerza débil que empuja sobre una superficie de líquido genera una presión; si el mismo líquido está en contacto con una superficie amplia, sobre esta actúa una fuerza más intensa. Esto es lo que sucede en el circuito de los frenos de un automóvil: la débil fuerza del pie transmitida a un émbolo pequeño se convierte en una

Las fuerzas
pág. 22

La masa y el peso
pág. 32

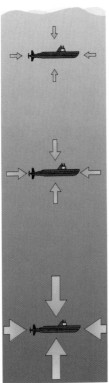

Un cuerpo sumergido sufre una presión que aumenta con la profundidad, la densidad del fluido y la fuerza de gravedad. Los submarinos no pueden superar un cierto límite de inmersión, porque podrían quedar aplastados.

fuerza mucho más intensa cuando llega a la pinza del freno que tiene una superficie mayor. También cuando se desciende bajo el agua se advierte una presión mayor. En este caso no hay ningún émbolo que empuje sobre la superficie del mar pero es el peso del agua el que provoca la presión. Cuanto más se sumerge uno en la profundidad, mayor es la presión porque mayor es el peso del agua que se encuentra encima. El peso del aire provoca la presión atmosférica: advertimos sus variaciones como una molestia en los oídos cuando cambiamos bruscamente de altitud, como en el avión o en el teleférico.

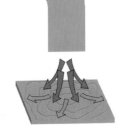

La presión atmosférica
vol. 8 - pág. 28

La respiración
vol. 18 - pág. 30

La circulación de la sangre
vol. 18 – pág. 34

Cuando estamos tumbados sobre una hamaca (a la izquierda) o en un colchón, el peso del cuerpo se distribuye sobre una superficie amplia regalándonos una agradable sensación de comodidad.

Si el cuerpo se apoya sobre pocos puntos la sensación es bastante incómoda. El número de clavos es lo suficientemente grande para impedir que el faquir se haga daño.

EL MOVIMIENTO DE LOS FLUIDOS

No sólo los objetos sólidos como una bola de billar, un automóvil o un satélite artificial se mueven según las leyes de la dinámica de Newton. También los fluidos, es decir, los líquidos y los gases, siguen las mismas leyes. El problema es que los fluidos están compuestos por miles y miles de millones de pequeñas moléculas que interactúan entre sí y, cada una por separado, siguen trayectorias muy complicadas. Es imposible seguir con detalle los desplazamientos de cada molécula y, por lo tanto, para estudiar el movimiento de un fluido nos debemos conformar con seguir algunos de sus parámetros generales. La disciplina que estudia este tipo de movimiento es la dinámica de los fluidos y es muy importante para el que tenga que proyectar, por ejemplo, las conducciones de los líquidos o también las embarcaciones, los aviones y cualquier cosa que se deba mover en un fluido o deba contener uno en movimiento.

Para determinar cómo se mueve un fluido son muy importantes su densidad, es decir, la relación entre la masa y el volumen,

El movimiento
pág. 16

Los gases
vol. 1 - pág. 62

Los líquidos
vol. 1 - pág. 68

El lecho de un torrente (a la derecha) no es muy regular: está lleno de obstáculos, de saltos, cambia a menudo de profundidad. Por esto el flujo del agua es casi siempre turbulento y forma gargantas y rápidos más violentos cuanto más veloz es la corriente.

A medida que se abre un grifo la cantidad del agua aumenta. Al principio sale gota a gota, es decir, de forma regular; superada la velocidad crítica el flujo se hace más turbulento y el agua salpica desordenada.

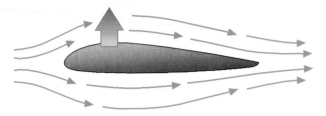

Las alas tienen un perfil especial y el aire que pasa sobre la superficie discurre más rápidamente que aquel que pasa por debajo. En estas condiciones la presión bajo el ala es más fuerte que sobre el ala y por lo tanto existe un empuje que mantiene el avión.

y la viscosidad que mide las fuerzas de fricción entre las partículas del fluido y con las paredes del conducto.

Dependiendo de estas características, el movimiento del fluido puede producirse de forma ordenada y regular sólo por debajo de una cierta velocidad crítica. En este caso se habla de un flujo laminar. Superada la velocidad crítica, cualquier mínima perturbación, las imperfecciones de la superficie sobre la que discurre el fluido o las pequeñas variaciones casuales que se producen en su interior, se agranda y provoca fuertes turbulencias. Las superficies sobre las que deben discurrir velozmente los fluidos, como los tubos de un conducto de agua, deben ser lo más lisas posibles precisamente para evitar que el flujo se haga turbulento y obstaculice el movimiento.

Los océanos
vol. 15

LA CAPILARIDAD

Si un trozo de papel absorbente se introduce en un recipiente de tinta, el fluido sube inmediatamente a través de las fibras del papel. Es un efecto de la capilaridad, un fenómeno por el que los líquidos se comportan de una forma un poco extraña en el interior de tubillos muy sutiles denominados precisamente capilares. Aparentemente la capilaridad es un efecto que contradice otro principio, el de los vasos comunicantes. Según este principio si dos recipientes llenos están conectados por un tubo el nivel de líquido debe ser igual en ambos. Pero si uno de los dos recipientes es un capilar sutil, el nivel del líquido es más alto o más bajo dependiendo de las características del líquido.

Para saber cómo se comportará un líquido en un capilar es necesario ver su superficie. Esta nunca es plana porque experimenta la fuerza de gravedad y la denominada tensión superficial, una fuerza que actúa entre las moléculas superficiales del líquido y con las paredes del recipiente. Por lo tanto, la superficie forma una curva, denominada menisco, cóncava o convexa, es decir, con una panza hacia abajo o hacia arriba respectivamente. En el primer caso el nivel del líquido es mayor en el capilar que en el recipiente; por el contrario en el segundo caso el nivel del líquido en el capilar es más bajo. El agua es un líquido que pertenece al primer caso y este es el motivo por el que la tinta, constituida fundamentalmente por agua, sube a lo largo de los sutiles capilares formados por las fibras del papel absorbente.

**Los líquidos
vol. I - pág. 68**

**Las propiedades
del agua
vol. I - pág. 70**

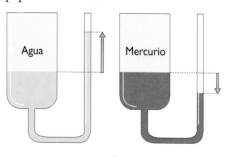

Agua

Mercurio

El mercurio, al contrario que el agua, forma un menisco convexo y no sube a lo largo de un capilar, sino que desciende.

En los árboles el agua y la savia deben alcanzar también las hojas más altas para llevar las sustancias necesarias para la planta.

Las plantas no poseen ninguna bomba para impulsar los líquidos hacia lo alto, pero los troncos contienen numerosísimos canales extremadamente sutiles a través de los cuales el agua sube, por capilaridad, superando desniveles de decenas de metros.

La circulación de las plantas vol. 10 - pág. 36

El desnivel del líquido depende también del diámetro del capilar. Cuanto más sutil es el tubito, mayor es el desnivel, hacia arriba o hacia abajo, del líquido.

También la esponja absorbe el agua por capilaridad. Si se deja en un recipiente, la esponja continúa absorbiendo el líquido hasta que todos sus sutiles canales se llenan.

¿QUÉ ES LA ENERGÍA?

Las fuentes de energía
pág. 76

Encender la luz, levantar una maleta, viajar en automóvil, calentar una olla con agua. Son acciones muy diferentes, pero todas tienen una cosa en común: requieren energía para producirse. Nosotros consumimos energía cada momento del día, incluso cuando parece que estamos totalmente en reposo, en realidad las células del cuerpo están quemando una cierta cantidad de energía.

La energía tiene muchísimas caras: todos los objetos son grandes depósitos de energía. En primer lugar, se encuentra la energía acumulada en los compuestos químicos que mantienen unidos los átomos y que se libera cuando, por ejemplo, quemamos un trozo de madera. Un objeto en movimiento posee energía cinética; pero también uno inmóvil puesto en alto tiene una energía potencial que se transforma en energía cinética si cae. La cuerda de un reloj es el acumulador de energía que permite el movimiento de los mecanismos; mientras una pila almacena energía química para transformarla en energía eléctrica.

El desarrollo
de la termodinámica
vol. 23 - pág. 32

En una central eléctrica la energía de movimiento de los generadores se transforma en electricidad; mientras un molino transforma la energía cinética del viento en energía mecánica.

Este atleta debe transformar su carrera en la energía elástica de la pértiga y después esta en energía cinética vertical para superar el obstáculo.

La gran cantidad de caras de la energía son el reflejo del hecho de que esta se transforma y se transfiere continuamente de una forma a otra.

Todos los procesos conllevan el paso y la transformación de una cuota de energía: encender la luz significa transformar parte de la energía eléctrica en calor para hacer incandescente el filamento de la bombilla. El motor de explosión transforma la energía química de la gasolina en la energía cinética del automóvil; mientras que los frenos convierten esta energía cinética en calor, de esta forma el automóvil se para cuando los frenos se calientan. En todos estos pasos no se crea ni se destruye energía, sólo se transforma y su cantidad total sigue siendo constante.

La conservación de la energía
pág. 72

El segundo principio de la termodinámica
pág. 80

La energía en la naturaleza
vol. 14 - pág. 10

En las explosiones, toda la energía química de la pólvora se libera en un instante. No siempre las sustancias liberan la energía química con tanta facilidad.

EL TRABAJO
Y LA POTENCIA

Para sacar el agua de un pozo con una polea es necesario equilibrar el peso del cubo y del agua, y esto cuesta un poco de trabajo. Como todos los procesos, también este conlleva un cambio de energía: a través de la fuerza que hacemos sobre la cuerda, parte de nuestra energía química se acumula en el cubo de agua que, subiendo, gana energía potencial. La energía transferida es el trabajo desarrollado por nuestra fuerza sobre el cubo. Se obtiene trabajo cada vez que se aplica una fuerza a un punto que se mueve: el trabajo es una medida de la energía que se transfiere y se transforma durante el proceso. Este trabajo puede ser positivo o negativo dependiendo de si la fuerza actúa en el mismo sentido del desplazamiento, como cuando sacamos un cubo, o en sentido

Las fuerzas
pág. 22

El desarrollo
de la termodinámica
vol. 23 - pág. 32

Un ciclista consigue subir pendientes más bien empinadas sin la potencia del motor del automóvil. Pero sus piernas necesitan mucho tiempo para desarrollar el trabajo que un motor de explosión hace en pocos minutos: por este motivo el ciclista es más lento.

La potencia de un puño puede hacer mucho daño. Pero no es necesaria una gran fuerza sino más bien una gran velocidad con la mano. Puede darlo cualquiera, basta con descargar la fuerza en un instante.

Los motores térmicos
pág. 64

contrario, si ese mismo cubo va sumergiéndose lentamente en el agua.

Pero también otro factor entra en juego: podemos sacar el cubo muy rápidamente o también tirando poco a poco. Al final el trabajo es idéntico, pero cambia el tiempo empleado en realizarlo.

La rapidez con la que una fuerza realiza un trabajo se llama potencia y se calcula precisamente como la relación entre el trabajo y el tiempo en que se desarrolla. Con una gran potencia se puede efectuar mucho trabajo en poco tiempo; también con una potencia menor se llega al mismo resultado, pero tardando más tiempo. Por ejemplo, las enormes masas de las construcciones antiguas se levantaban sin la potencia de los motores: la fuerza de los seres humanos o de los animales bastaba, pero se tardaba mucho tiempo. De la misma forma que tarda más tiempo un pequeño utilitario en alcanzar una cierta velocidad que un potente automóvil alcanza en pocos segundos.

La potencia eléctrica
vol. 4 - pág. 72

EL CALOR

Apoyando una olla de agua sobre la placa de un hornillo esta se calienta y después de un poco de tiempo comienza a hervir; por el contrario, sumergiendo un hierro incandescente en un cubo de agua fría este se enfría en pocos segundos. ¿Qué ocurre en estos dos ejemplos? Como en todos los procesos se produce un intercambio de energía que, en este caso, se transfiere del cuerpo más caliente (la placa o el hierro incandescente) al más frío (agua). Cuando una cierta cantidad de energía pasa entre dos cuerpos a diferente temperatura se dice que existe una transferencia de calor. Esta puede realizarse sólo del cuerpo más caliente al más frío y cesa cuando las temperaturas de los dos cuerpos se igualan.

Por lo tanto, un cuerpo que absorbe calor aumenta su propia energía interna, mientras un cuerpo que lo cede la disminuye. Pero no siempre esta variación de energía interna se traduce también en una variación de temperatura. Volvamos a la olla sobre el hornillo: al comienzo el agua absorbe el calor calentándose, después comienza a hervir. En este punto todo el calor del hornillo ya no calienta más el agua, sino que sirve para transformarla en vapor: el agua absorbe calor sin

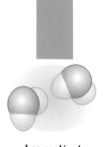

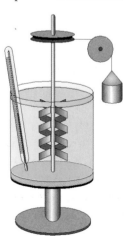

Se puede aumentar la temperatura de un cuerpo también proporcionándole trabajo. En este experimento el trabajo de la fuerza de gravedad se transfiere al líquido mediante las paletas, se convierte en energía cinética de las moléculas y la temperatura aumenta.

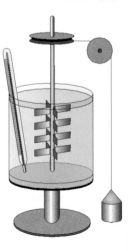

La temperatura
pág. 66

El mar es el depósito de calor mayor de nuestro planeta. El agua tiene una gran capacidad térmica y puede acumular energía incluso si su temperatura sigue siendo baja.

En los frigoríficos se usan cristales de hielo de sustancias especiales que funcionan como esponjas térmicas: enfrían el ambiente circundante absorbiendo el calor.

La transmisión del calor
pág. 70

aumentar su temperatura que permanece fija en 100 °C. A paridad de masa, son necesarias cantidades de calor diferentes para calentar diversas sustancias: un kilo de hierro se calienta mucho más rápidamente que un litro de aceite.

La cantidad de calor necesaria para aumentar un grado un kilogramo de una sustancia, se llama calor específico. Cuanto más alto es el calor específico, mayor es la cantidad de energía que se debe transferir para cambiar la temperatura. En general los líquidos tienen un calor específico más alto que los sólidos. Por este motivo un kilo de hierro incandescente sumergido en un litro de agua se enfría más de lo que se calienta el agua.

El calor terrestre
vol. 7 - pág. 18

LOS MOTORES TÉRMICOS

El trabajo y la potencia
pág. 60

En la actualidad, es difícil imaginar el mundo sin motores. Y sin embargo estos dispositivos son más bien jóvenes respecto a la historia del ser humano: la patente para el primer motor a vapor fue depositada por el inglés James Watt en 1769. Es curioso que los primero motores no sirvieran para poner en movimiento mecanismos, sino para bombear el agua de las galerías de las minas de carbón. Con su aparición cambió el mundo y dio comienzo la era industrial. Los motores térmicos son máquinas que transforman la energía térmica en trabajo mecánico que se puede aprovechar fácilmente. Pueden utilizar fuentes de energía de lo más diversas: la gasolina, el gasóleo, pero también el carbón, la leña, el gas o la energía nuclear. El movimiento lo proporcionan pistones o turbinas activadas por un fluido, por ejemplo el vapor o una mezcla de aire y gasolina.

Hay dos categoría de motores térmicos: de combustión externa y de combustión interna. En los primeros, el combustible se quema fuera del fluido, que se calienta dentro de una caldera. De esta forma funcionan, por ejemplo, los motores de vapor y también los reactores en los cuales también

**El desarrollo
de la termodinámica**
vol. 23 - pág. 32

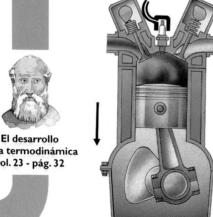

Para el ciclo de un motor de gasolina son necesarias 4 carreras o fases del pistón. En la primera fase el pistón asciende y la mezcla de gasolina-aire es aspirada por la cámara de explosión. Después el pistón vuelve a subir y comprime la mezcla que enciende la bujía.

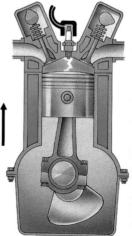

Las locomotoras tienen una cámara de combustión separada de la caldera. El vapor a presión pone en movimiento los pistones.

El rendimiento
pág. 82

se calienta vapor usando un reactor atómico en vez de leña o carbón. En los motores de combustión interna, como los motores de explosión y los motores turbo a chorro, el carburante se quema en el interior del fluido. Según el tipo de mecanismo que se accione, hay motores alternativos, en los que el órgano fundamental es un pistón; de turbina, en los cuales el fluido que actúa sobre la turbina debe estar sometido a presión alta; y motores rotatorios.

El automóvil
vol. 23 - pág. 76

Los gases que suelta la explosión de la mezcla se expanden e impulsan el pistón hacia abajo (fase 3), es en este momento en el que el motor trabaja.
En la cuarta fase, el pistón vuelve a subir nuevamente y provoca la expulsión de los gases de descarga.

El siglo
del automóvil
vol. 24 - pág. 18

LA TEMPERATURA

Las colisiones
pág. 44

Todos nosotros sabemos distinguir entre un cuerpo caliente y uno frío. Nuestros sentidos funcionan también como termómetros y nos permiten juzgar acerca de la temperatura de los objetos, pero el juicio puede variar de una persona a otra y, por lo tanto, es necesario un método objetivo para medir la temperatura de las cosas. Con este fin se puede aprovechar la propiedad que tienen los materiales para dilatarse cuando se calientan o para encogerse cuando se enfrían. Se puede usar, por ejemplo, el mercurio introducido en un pequeño depósito ligado a un tubito.

Ante todo es necesario fijar dos temperaturas de referencia. La escala que se utiliza más a menudo es la escala Celsius: sus puntos fijos son la temperatura de fusión y de ebullición del agua a los que se les atribuido los valores de 0 y de 100. Un grado Celsius (°C) es la centésima parte del intervalo entre estos dos puntos de referencia. Para contrastar un termómetro, se

El calor
pág. 62

Las moléculas
vol. I - pág. 50

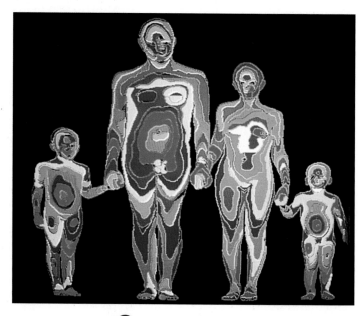

La temperatura de un gas permite establecer la velocidad media de sus moléculas. Es un resultado muy importante porque gracias a un parámetro que se obtiene con un termómetro normal se calcula la velocidad de las partículas del gas, que de otra forma sería imposible medir.

sumerge primero en un vaso con hielo que se está empezando a derretir y se marca el nivel del mercurio en el tubito; después se repite la operación con el termómetro en agua hirviendo. Dividiendo en 100 partes el intervalo entre los dos niveles se obtiene una escala para todas las temperaturas intermedias. ¿Qué ocurre en el interior de un material cuando su temperatura varía? Una vez más se trata de un intercambio de energía. Las moléculas de los gases y de los líquidos se pueden mover, pero también las de los sólidos en realidad vibran y se desplazan continuamente. Por lo tanto, como todos los cuerpos en movimiento, las moléculas poseen una cierta energía cinética. La temperatura es precisamente una medida de la energía cinética de las moléculas. Cuando se proporciona energía a un objeto aumenta la energía cinética de sus moléculas y por lo tanto también su temperatura. Por el contrario si la temperatura desciende significa que el cuerpo está perdiendo energía.

En los metales incandescentes la energía cinética es suficiente para debilitar los vínculos entre las moléculas. El material pierde su dureza y puede ser modelado.

En las termografías (a la izquierda), muy utilizadas para los análisis médicos, las zonas con diferentes temperaturas aparecen con colores distintos.

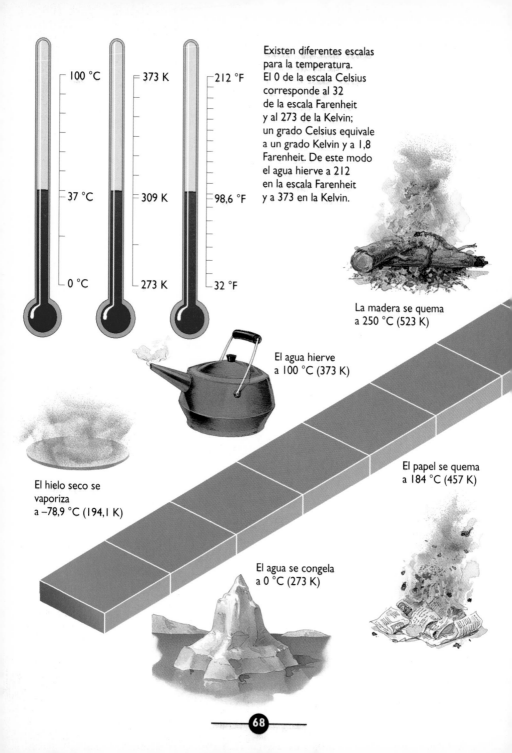

100 °C   373 K   212 °F

Existen diferentes escalas
para la temperatura.
El 0 de la escala Celsius
corresponde al 32
de la escala Farenheit
y al 273 de la Kelvin;
un grado Celsius equivale
a un grado Kelvin y a 1,8
Farenheit. De este modo
el agua hierve a 212
en la escala Farenheit
y a 373 en la Kelvin.

37 °C   309 K   98,6 °F

0 °C   273 K   32 °F

La madera se quema
a 250 °C (523 K)

El agua hierve
a 100 °C (373 K)

El papel se quema
a 184 °C (457 K)

El hielo seco se
vaporiza
a −78,9 °C (194,1 K)

El agua se congela
a 0 °C (273 K)

Los relámpagos tienen una temperatura de 29 727 °C (30 000 K)

El hierro se funde a 1 535 °C (1 808 K)

La superficie del Sol alcanza los 5 527 °C (5 800 K)

El metano se enciende a 660 °C (933 K)

La temperatura del aire
vol. 8 - pág. 20

La invención de los termómetros
vol. 21 - pág. 74

El desarrollo de la termodinámica
vol. 23 - pág. 32

En el desierto hay una fuerte variación térmica. De día la temperatura puede subir hasta 40-50 °C, pero de noche desciende casi a cero. Es la falta de la pantalla de las nubes y la escasa humedad del aire lo que provoca estas fuertes diferencias.

LA TRANSMISIÓN DEL CALOR

El calor
pág. 62

Si la punta de un tenedor se introduce en una olla con agua hirviendo, después de un tiempo el mango se calienta mucho. El calor se transmite a través del tenedor y alcanza rápidamente el mango. Si repetimos la operación con una cuchara de madera, el mango permanece frío y podemos tenerla en la mano sin abrasarnos. Los metales son óptimos conductores del calor, mientras que la madera no lo es. La transmisión del calor se produce a través de tres mecanismos: la conducción, la convección y la irradiación. Normalmente actúan a la vez, pero son mecanismos diferentes.

La conducción predomina cuando el calor se transmite en el interior de un cuerpo, como en el caso del tenedor o de la cuchara de madera. La temperatura de un objeto depende de las vibraciones de sus moléculas. Donde la temperatura es más elevada estas vibraciones son más intensas y se propagan a las zonas cercanas aumentando de este modo su temperatura. Además, en los metales, también los electrones se pueden mover libremente y transportar el calor de una parte a otra. Sin embargo, en los líquidos y en los gases actúa la convección y el calor es transportado de una zona a otra por las moléculas, que se pueden desplazar libremente. En un fluido las zonas con diferentes temperaturas tienen una densidad y un peso distintos.

Las ondas
electromagnéticas
vol. 4 - pág. 14

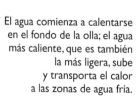

El agua comienza a calentarse en el fondo de la olla; el agua más caliente, que es también la más ligera, sube y transporta el calor a las zonas de agua fría.

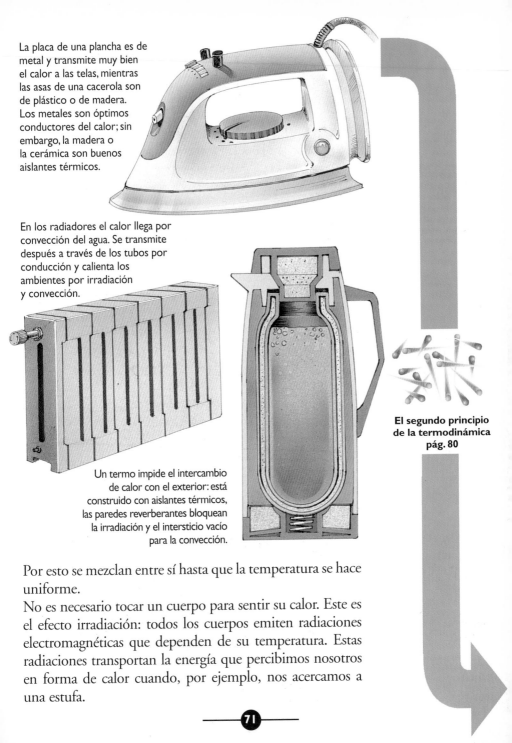

La placa de una plancha es de metal y transmite muy bien el calor a las telas, mientras las asas de una cacerola son de plástico o de madera. Los metales son óptimos conductores del calor; sin embargo, la madera o la cerámica son buenos aislantes térmicos.

En los radiadores el calor llega por convección del agua. Se transmite después a través de los tubos por conducción y calienta los ambientes por irradiación y convección.

El segundo principio de la termodinámica pág. 80

Un termo impide el intercambio de calor con el exterior: está construido con aislantes térmicos, las paredes reverberantes bloquean la irradiación y el intersticio vacío para la convección.

Por esto se mezclan entre sí hasta que la temperatura se hace uniforme.

No es necesario tocar un cuerpo para sentir su calor. Este es el efecto irradiación: todos los cuerpos emiten radiaciones electromagnéticas que dependen de su temperatura. Estas radiaciones transportan la energía que percibimos nosotros en forma de calor cuando, por ejemplo, nos acercamos a una estufa.

LA CONSERVACIÓN DE LA ENERGÍA

Pedalear en una subida es bastante fatigoso porque el ciclista está transformando parte de su energía química en energía cinética y, sobre todo, en energía potencial. Esta aumenta a medida que la bicicleta sube: es un poco como cargar un muelle porque después, a lo largo del descenso, la energía potencial acumulada durante la subida se convierte en energía cinética; cuanto más largo es el descenso más energía potencial se transforma en velocidad. Al final del descenso es necesario frenar para parar la bicicleta. Pero al final, la energía no se ha perdido, solamente se ha transformado nuevamente en calor. De hecho los frenos, las llantas, el asfalto y todas las partes cuya fricción ha contribuido a parar el movimiento se han calentado ligeramente. Por lo tanto, la energía ha comenzado su recorrido en forma de energía química del ciclista y, a través de una serie de transformaciones, terminado como calor. Pero su cantidad inicial ha permanecido inalterada.

Este es el resultado de una de las leyes más importantes de la Física: la Ley de Conservación de la Energía. Establece que en un sistema aislado, es decir, que no puede intercambiar ni

¿Qué es la energía?
pág. 58

El muelle es un acumulador de energía mecánica. Cuando se carga, el metal se deforma y almacena energía. Cuando se deja libre, el metal tiende a volver a su forma original y restituye la energía que había acumulado.

El sistema constituido por vías y vagonetas de una montaña rusa puede considerarse un sistema aislado. Por lo tanto su energía se debe conservar. Cuando la vagoneta está en la parte alta, casi parada, tiene poca energía cinética pero mucha energía potencial debido a la altura. Mientras desciende la vagoneta reconvierte parte de su energía potencial en energía cinética. La velocidad le permite afrontar la subida sucesiva y transformar su energía cinética en potencial. Si no hubiera fricción la vagoneta no se pararía nunca.

materia ni energía con el ambiente circundante, la cantidad de energía total permanece constante. Esta no puede ni crearse ni destruirse, sino sólo transformarse pasando de una forma a otra. Se trata de un hecho muy importante que los científicos aprovechan para estudiar las propiedades de muchos sistemas.

También el Universo, en su totalidad, puede considerarse un sistema aislado. Si se pudiera hacer el cálculo de toda la energía que contiene, resultaría igual a la presente hace 12 000-15 000 millones de años en el nacimiento del cosmos y se descubriría que también en el futuro seguirá siendo constante.

El Sol es la fuente energética más grande de nuestro planeta. Toda la energía que consumimos, ya sea en forma de alimentos o en forma de energía eléctrica, ha llegado a la Tierra como energía solar y después se ha transformado.

Los rayos del Sol calientan la superficie de la Tierra: son el motor de las corrientes marinas y de los vientos y, en parte, hacen que se evapore el agua de los ríos y de los mares.

Quemar leña es un modo muy directo de aprovechar la energía solar. En este caso es la energía acumulada por las plantas: estas transforman los rayos del Sol en energía química que se libera durante el proceso de combustión.

De las centrales eléctricas sale corriente a alta tensión, que se puede distribuir por las diversas regiones a través de grandes conducciones eléctricas. Pero antes de poder entrar en nuestras casas el voltaje de la corriente debe reducirse poco a poco.

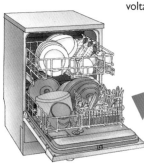

La energía eléctrica puede finalmente aprovecharse para iluminar, para poner en funcionamiento un lavavajillas o para calentar. Una vez más esta no desaparece, sino que se transforma y vuelve a entrar en el continuo ciclo de la energía.

El vapor de agua sube hacia los estratos altos y fríos de la atmósfera donde se condensa formando las nubes, que se mueven impulsadas por el viento.

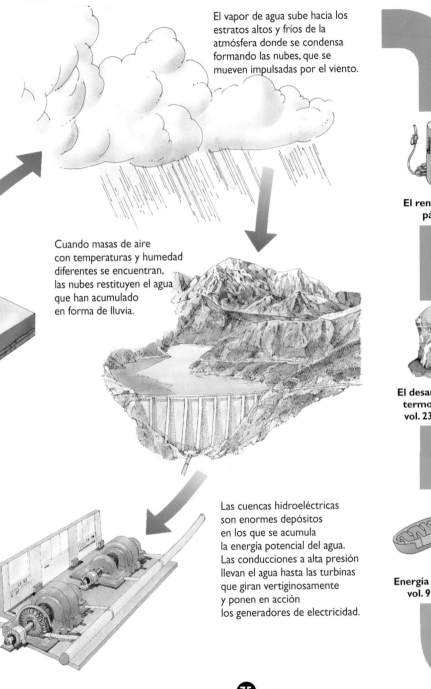

Cuando masas de aire con temperaturas y humedad diferentes se encuentran, las nubes restituyen el agua que han acumulado en forma de lluvia.

Las cuencas hidroeléctricas son enormes depósitos en los que se acumula la energía potencial del agua. Las conducciones a alta presión llevan el agua hasta las turbinas que giran vertiginosamente y ponen en acción los generadores de electricidad.

**El rendimiento
pág. 82**

**El desarrollo de la
termodinámica
vol. 23 - pág. 32**

**Energía para la vida
vol. 9 - pág. 18**

LAS FUENTES DE ENERGÍA

Todas las cosas a nuestro alrededor contienen energía en grandes cantidades: una roca colocada en una parte alta posee una reserva de energía potencial, pero también en los compuestos químicos está almacenada mucha energía y se encuentra aún más en sus núcleos. No siempre se puede usar esta energía para trabajos útiles. Entre las grandes conquistas tecnológicas del ser humano se encuentran precisamente las que le han permitido aprovechar al máximo las reservas energéticas que tenía a su disposición.

Hasta la aparición de los primeros motores, que son máquinas estudiadas para transformar la energía en trabajo mecánico, la fuente de energía primaria era la muscular: eran los músculos de los animales y de las personas los que levantaban los pesos, tiraban de carros y bombeaban el agua. También se utilizaba mucho la leña: para calentarse, cocer los alimentos, fundir los metales y para iluminar. El carbón y el petróleo, que también se conocían en la Antigüedad, no se utilizaban mucho.

Con la era industrial las necesidades de energía se hicieron mayo-

¿Qué es la energía?
pág. 58

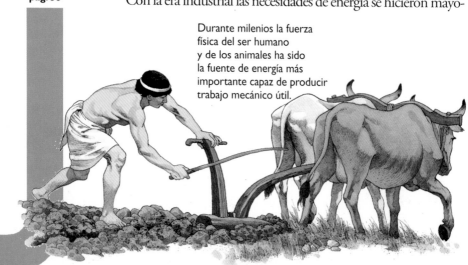

Durante milenios la fuerza
física del ser humano
y de los animales ha sido
la fuente de energía más
importante capaz de producir
trabajo mecánico útil.

El metano desarrolla más calor que el carbón. Además su distribución desde los yacimientos a los lugares de consumo es más simple.

res y el ser humano aprendió a aprovechar primero el carbón y después el petróleo y los gases naturales, principalmente el metano. Estos combustibles, denominados fósiles ya que derivaban de la descomposición y de la fosilización de organismos vegetales y animales, son aún las fuentes energéticas más utilizadas. Sin embargo presentan un grave problema: son ricas en carbono y su combustión libera enormes cantidades de anhídrido carbónico, el mayor responsable del denominado efecto invernadero, que puede aumentar la temperatura en la atmósfera terrestre. Por este motivo, actualmente se prefiere aprovechar mejor la energía del Sol, del subsuelo, del viento y del agua. También hay reacciones nucleares capaces de liberar cantidades enormes de energía, pero que son también bastante peligrosas.

El primer pozo petrolífero moderno se abrió en Oil Creek, en Pennsylvania, en 1859, pero en Mesopotamia los yacimientos naturales ya eran conocidos desde el tercer milenio a.C.

Los europeos usaban el carbón ya en el siglo XII, pero sólo con el motor de vapor su uso se hace común y se excavan las primeras minas para extraerlo.

La leña fue durante muchos siglos el combustible principal del ser humano. Se utilizaba también en las primeras aplicaciones industriales, como cocer terracota y fundir metales.

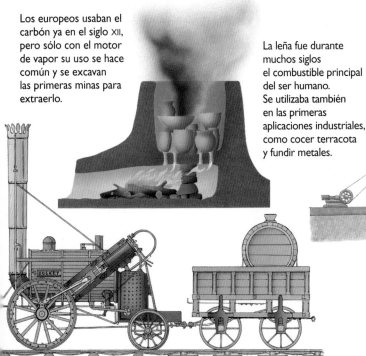

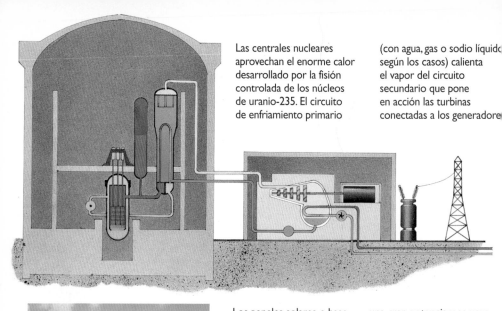

Las centrales nucleares aprovechan el enorme calor desarrollado por la fisión controlada de los núcleos de uranio-235. El circuito de enfriamiento primario (con agua, gas o sodio líquido según los casos) calienta el vapor del circuito secundario que pone en acción las turbinas conectadas a los generadores

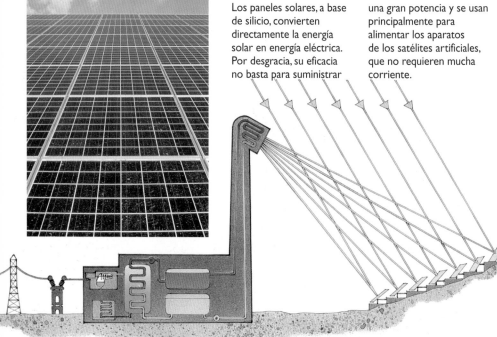

Los paneles solares, a base de silicio, convierten directamente la energía solar en energía eléctrica. Por desgracia, su eficacia no basta para suministrar una gran potencia y se usan principalmente para alimentar los aparatos de los satélites artificiales, que no requieren mucha corriente.

En las grandes instalaciones solares, los rayos son recogidos por espejos que los concentran en un área precisa. De este modo toda su energía se puede emplear para calentar el agua o para la fundición de algunos metales preciosos.

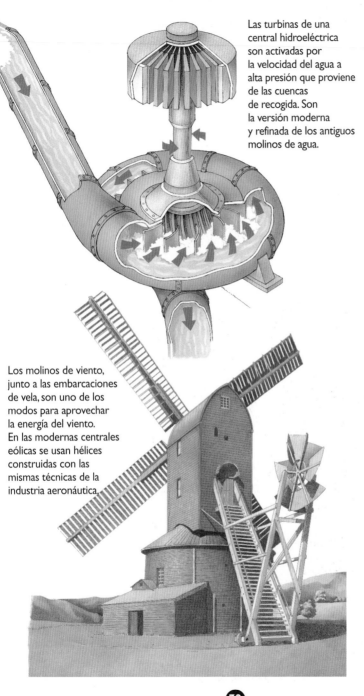

Las turbinas de una central hidroeléctrica son activadas por la velocidad del agua a alta presión que proviene de las cuencas de recogida. Son la versión moderna y refinada de los antiguos molinos de agua.

Energía del carbón
vol. 22 - pág. 36

La industria petrolera
vol. 24 - pág. 22

Los molinos de viento, junto a las embarcaciones de vela, son uno de los modos para aprovechar la energía del viento. En las modernas centrales eólicas se usan hélices construidas con las mismas técnicas de la industria aeronáutica.

La energía nuclear
vol. 24 - pág. 60

EL SEGUNDO PRINCIPIO DE LA TERMODINÁMICA

No todos los pasos entre las diferentes formas de energía, interna, cinética, potencial, elástica, etc., son siempre posibles. El segundo principio de la termodinámica establece precisamente las reglas de estas transformaciones. Por ejemplo, los rebotes de una pelota de goma contra el suelo se hacen cada vez más débiles hasta que se para: toda la energía de movimiento se ha transformado en energía interna de la pelota y del pavimento. El fenómeno contrario no se produce nunca: una pelota apoyada sobre el pavimento no comienza a botar sola, la energía interna no se convierte nunca en energía de movimiento.

El calor pasa espontáneamente de un cuerpo caliente a uno más frío hasta que su temperatura se iguala. El segundo principio de la termodinámica excluye el paso inverso.

En el desarrollo de un organismo vivo, como un animal, el orden crece y la entropía disminuye, pero esto es posible sólo gracias a la energía del Sol, almacenada en las plantas que nutren al animal.

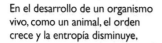

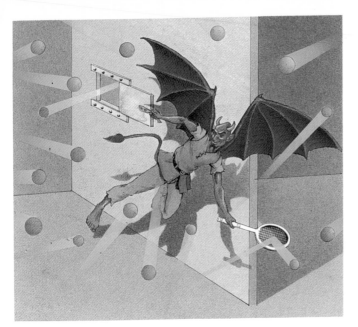

El desarrollo
de la termodinámica
vol. 23 - pág. 32

Un diablillo inteligente podría ordenar la energía interna de un sistema haciendo pasar por la puerta sólo las moléculas con una cierta velocidad, separando las veloces de las más lentas: pero esta operación requeriría una cuota de energía.

Hay diversos enunciados relacionados con el segundo principio; uno es el de Rudolf Clausius: «no es posible realizar una transformación cuyo único resultado sea el transferir calor de un cuerpo más frío a uno más caliente». Un frigorífico, que hace pasar el calor de su interior (más frío) al ambiente (más caliente), no viola esta ley porque la transferencia de calor no es el único resultado, de hecho, el frigorífico utiliza la transformación de la energía eléctrica para funcionar. Estas limitaciones surgen porque no todas las formas de energía son equivalentes entre sí. Hay formas de energía más ordenadas, como la energía cinética, la potencial o la eléctrica, y otras desordenadas, como el calor y la energía interna. Las transformaciones espontáneas son sólo las que se producen desde una forma de energía ordenada a una desordenada. El grado de desorden de los sistemas se mide por la entropía, la cual tiende siempre a aumentar.

La energía
en la naturaleza
vol. 14 - pág. 10

EL RENDIMIENTO

Transformar completamente trabajo mecánico en calor es siempre posible. Ocurre, por ejemplo, cuando una rueda que gira se para y toda su energía va a calentar los frenos.

Sin embargo la transformación inversa, del calor en trabajo, debe respetar los estrechos vínculos del segundo principio de la termodinámica y cada vez que se produce es necesario pagar peaje. El rendimiento mide este peaje, es decir, mide la eficacia con la que una máquina, por ejemplo un motor, o un ciclo de transformaciones consiguen transformar calor en trabajo útil.

Los motores deben necesariamente operar con al menos dos depósitos de calor a diferentes temperaturas: absorben calor del depósito caliente, transforman una parte en trabajo y ceden el resto al depósito frío. Cuanto más pequeña es esta última porción, mayor resulta el rendimiento del motor dado que una parte más conspicua del calor absorbido se transforma en trabajo. En un motor de explosión el depósito caliente está en los cilindros, donde la mezcla de aire y gasolina explota; mientras el depósito frío es el ambiente que absorbe el calor del radiador.

El rendimiento de una máquina se puede calcular como la relación entre el trabajo útil que logra producir y el calor que absorbe del depósito con mayor temperatura. Su valor máximo es igual a la diferencia entre las temperaturas de los dos depósitos dividida por la temperatura del depósito caliente y es siempre menor de 1. Pero en la práctica ninguna máquina logra alcanzar este valor máximo teórico. El rendimiento de un motor de gasolina vale cerca de 0,35, es decir, sólo el 35 % de la energía absorbida se transforma en trabajo útil, el resto se pierde. Para un motor diesel las cosas van un poco mejor, su rendimiento es de cerca del 0,4.

El petróleo en crudo extraído de los pozos no se puede aprovechar directamente, sino que debe sufrir una serie de transformaciones, cada una con un rendimiento propio.

En su conjunto conviene transformar el crudo en electricidad para alimentar un motor eléctrico en lugar de transformarlo en gasolina para alimentar uno de explosión. He aquí la eficacia de las diferentes fases de los dos ciclos.

Extracción del crudo 98 %

Transporte y depósito del crudo 99,5 %

Ciclo crudo-motor de explosión

Ciclo crudo-motor eléctrico

Refinado de la gasolina 82,5 %

Refinado combustible de central 95 %

Transporte, depósito y distribución del combustible 99 %

Eficacia de la central 40 %

Transporte, depósito y distribución de la gasolina 98,5 %

Transporte de la energía a la toma doméstica 92 %

Carga de las baterías 90 %

Eficacia del motor de explosión 20 %

Eficacia del motor eléctrico 90 %

Eficacia total 16 %

Eficacia total 27 %

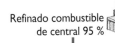

El desarrollo de la termodinámica vol. 23 - pág. 32

LA VELOCIDAD DE LA LUZ

No hay nada en el Universo que viaje más rápidamente que la luz: en un solo segundo cubre 299 792,5 kilómetros, es decir, cerca de siete veces y media la circunferencia de la Tierra. Incluso la más veloz de las sondas debería viajar decenas y decenas de años para acercarse al Sol, la luz sin embargo cubre la misma distancia en apenas ocho minutos.

Los astrónomos se basan en la velocidad de la luz para medir las enormes distancias del cosmos y utilizan como unidad de medida el año luz, es decir, la distancia recorrida en un año por un rayo de luz. El universo que se conoce es tan vasto que incluso la rapidísima luz debe viajar miles y miles de millones de años para atravesarlo. De esta forma, cuando observamos una estrella que se encuentra a una distancia de 100 años luz estamos viendo unos rayos que han comenzado su viaje hace un siglo. Por este motivo escrutar

El movimiento
pág. 16

¿Qué es la luz?
vol. 4 - pág. 12

La luz es más veloz que el sonido. Por eso vemos antes el resplandor del relámpago y sólo después de algunos segundos oímos el trueno.

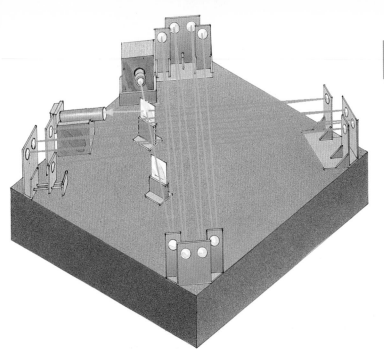

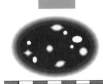

La medida
del cosmos
vol. 5 - pág. 14

En el aparato de Michelson y Morley un haz de luz se separa, se refleja en unos espejos y se vuelve a unir. Si los dos haces viajasen a diferentes velocidades el instrumento debería detectar las interferencias en el haz una vez reunido, pero esto no sucede: la velocidad de la luz no depende de la velocidad de la fuente. A una de las dos direcciones del experimento se le suma la dirección de la Tierra.

objetos muy lejanos en el espacio significa también remontarse en el tiempo.

Los físicos indican la velocidad de la luz con la letra «c». Un hecho sorprendente es que esta es constante incluso si la fuente luminosa o el que la observa se desplazan. Esto no le ocurre a los objetos normales: si por ejemplo caminamos a 5 km/h a lo largo de un pasillo de un tren que viaja a 100 km/h, nuestra velocidad total para un observador que está parado será de 105 km/h; si el observador se moviese en la misma dirección del tren a 20 km/h, nos vería correr a 85 km/h. Normalmente las velocidades se pueden sumar o restar. Esto no ocurre con la luz: cualquiera que sea la velocidad y la dirección de la fuente o del observador, la luz viaja siempre a un poco menos de 300 000 kilómetros por segundo.

Einstein y la relatividad
vol. 24 - pág. 24

LA RELATIVIDAD RESTRINGIDA

La medida del espacio
pág. 12

Para estudiar los fenómenos físicos es necesario en primer lugar establecer dónde y cuándo se producen. Para esto es necesario un sistema de referencia respecto al cual localizar los eventos en el espacio y un reloj para establecer si dos eventos son contemporáneos. Esto es bastante simple cuando se trata de eventos comunes como el movimiento de un tren o de un péndulo. Sin embargo, cuando los objetos se mueven a velocidades cercanas a la de la luz ocurren fenómenos extraños y aparentemente en contra de nuestra intuición. El primero que observó estos fenómenos fue Albert Einstein que en 1905 formuló su Teoría de la Relatividad Restringida.

Einstein estableció como fundamento de su teoría el resultado de determinados experimentos: la velocidad de la luz es la misma para todos los observadores. La luz tiene una velocidad elevadísima, pero no infinita y por lo tanto una señal luminosa empleará diferentes tiempos para alcanzar un punto que esté parado o uno que se esté desplazando. Si T1 es el tiempo empleado por un rayo para alcanzar un punto quieto, el tiempo T2, correspondiente al mismo fenómeno, pero medido por un observador que ve el punto moverse, será en general diferente de T1. Esta diferencia en el transcurrir

La medida del tiempo
pág. 14

En los grandes aceleradores de partículas, donde Estas alcanzan velocidades cercanas a la de la luz, se observa otra consecuencia de la Teoría de la Relatividad Restringida, la famosa fórmula $E = mc^2$. Esta establece que la masa es una forma de energía y viceversa: cuanto más crece la energía de un cuerpo, mayor es su masa.

La mecánica de Newton
vol. 21 - pág. 82

del tiempo es mayor cuanto más rápido es un observador respecto al otro. Por lo tanto, no existe un discurrir absoluto del tiempo, siempre depende del observador y su velocidad. Según la relatividad restringida no sólo el discurrir del tiempo, sino también la medida de las distancias, depende del movimiento del observador. Las dimensiones de los objetos parecen diferentes si se miden por un observador parado o en movimiento respecto a los mismos. Aunque pueda llevar a consecuencias extrañas y paradójicas, la Teoría de la Relatividad de Einstein siempre ha sido confirmada en los experimentos realizados para verificar su validez.

Un reloj en un sistema en movimiento discurre más lentamente que uno parado. Cuanto mayor es la velocidad entre los dos sistemas, mayor es la dilatación del tiempo.

También las longitudes son relativas respecto a los sistemas de referencia las dimensiones de un objeto que se desplaza muy rápidamente parecen más pequeñas para un observador parado.

Einstein y la relatividad
vol. 24 - pág. 24

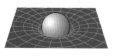

LA RELATIVIDAD GENERAL

La Teoría de la Relatividad General es una de las teorías más complejas de la Física. Cuando sus previsiones fueron confirmadas por los experimentos, el éxito de Albert Einstein no se limitó a un pequeño círculo de expertos. En pocos meses el gran científico se convirtió en una estrella internacional y la opinión pública lo proclamó «el mayor físico de todos los tiempos». Ya con la Teoría de la Relatividad Restringida, formulada en 1905, Einstein había analizado de una forma nueva y sorprendente lo que ocurre cuando dos sistemas de referencia están en movimiento uno respecto al otro. Sin embargo tenía una limitación importante: el movimiento relativo de los dos observadores debía ser uniforme. Con la Teoría de la Relatividad General, elaborada entre 1915 y 1920, Einstein estudió lo que sucede cuando se acaba con esta limitación. Según la relatividad general todos los objetos están sumergidos en un extraño mundo con cuatro dimensiones. A las tres dimensiones del espacio, a las que todos estamos acostumbrados, se añade la cuarta dimensión del tiempo. De esta forma se obtiene lo que Einstein bautizó con el nombre de espacio-tiempo.

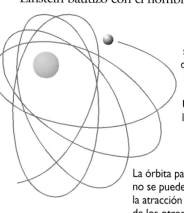

La curvatura del espacio-tiempo es similar a la deformación de una membrana sobre la que está apoyada una esfera pesada. Un pelotita colocada en la superficie comenzaría a caer hacia la esfera.

La órbita particular de Mercurio no se puede explicar según la atracción gravitacional de los otros astros. Su comprensión es un logro de la relatividad general.

También la luz siente la curvatura del espacio-tiempo. Einstein calculó que si los rayos que provienen de una estrella lejana tocan el Sol, estos deben sufrir una ligera desviación. Un efecto de este tipo se observó durante un eclipse de Sol y fue la comprobación definitiva de la teoría de Einstein.

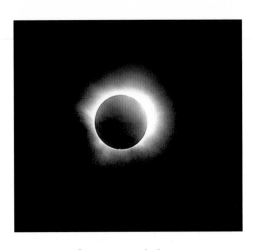

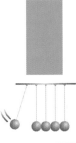

El cosmos vol. 5

Una de las consecuencias más fascinantes de la teoría es que la masa de los cuerpos tiene el poder de modificar las propiedades del espacio-tiempo. En presencia de una masa el espacio-tiempo se distorsiona y sufre una curvatura mayor cuanto mayor sea la masa. Es precisamente por efecto de esta curvatura por lo que los objetos sufren la fuerza gravitacional y esta actúa no sólo sobre las masas, sino también, por ejemplo, sobre la luz. Además la relatividad permitió explicar algunos fenómenos que resultaban incomprensibles según la vieja teoría de Newton, como, por ejemplo, el movimiento particular de Mercurio.

La mecánica de Newton vol. 21 - pág. 82

Einstein y la relatividad vol. 24 - pág. 24

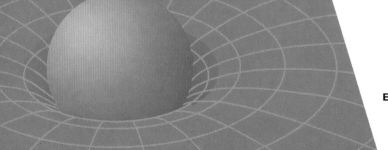

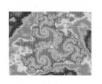

LA TEORÍA DEL CAOS

¿Por qué los científicos logran prever el movimiento de los planetas para centenares de años y sin embargo no pueden hacer lo mismo para las condiciones meteorológicas del próximo mes? Y sin embargo, tanto los planetas como las moléculas de aire siguen las mismas leyes de la Física clásica. Conocer las leyes que gobiernan un sistema no significa siempre conseguir prever su evolución. Hay sistemas, llamados caóticos, bizarros e imprevisibles que los físicos intentan estudiar con la Teoría del Caos.

Según las leyes de la Física clásica se puede comprender lo que ocurre en un sistema si se conocen sus condiciones iniciales, es decir, la posición y la velocidad exactas en un cierto instante. Si dos sistemas normales parten de condiciones iniciales muy parecidas, también sus evoluciones sucesivas no se diferenciarán mucho. En los caóticos, sin embargo, una diferencia, incluso mínima, en las condiciones iniciales aumenta y se hace desmedida y lleva a evoluciones completamente diferentes.

El movimiento de los fluidos pág. 54

Las previsiones del tiempo vol. 8 - pág. 80

En el estudio de los fenómenos caóticos se utilizan a menudo unas figuras especiales, los fractales. Si se agranda una porción de fractal se obtiene una forma idéntica a la precedente. La estructura de los fractales es idéntica a cualquier escala de ampliación.

Los sistemas complejos, como por ejemplo el agua de una cascada, contienen un número enorme de elementos. No es posible prever con precisión su evolución y nos debemos contentar con estudiar algunas características generales.

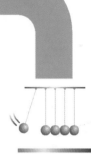

La mecánica de Newton
vol. 21 - pág. 82

La atmósfera es un sistema complejo y caótico. Por este motivo es difícil hacer previsiones del tiempo fiables, hasta tal punto es así que el meteorólogo Edward Lorenz decía: «El batir de las alas de una mariposa en la Amazonia puede provocar una tempestad en Nueva York al mes siguiente».

La ecología
vol. 14

A veces también sistemas muy simples pueden tener un comportamiento imprevisible. Por ejemplo, con mucha paciencia se puede poner en equilibrio una esfera en la punta de una pirámide. Pero, no es posible saber de qué lado caerá; basta un desplazamiento inicial imperceptible para determinar trayectorias para la esfera completamente diferentes. En la naturaleza existen muchos ejemplos de sistemas caóticos: para comenzar, todos los que contienen un número enorme de elementos, como precisamente la atmósfera. También el crecimiento de una población de organismos, en ciertas ocasiones, puede convertirse en algo caótico e imprevisible.

Las fronteras del conocimiento
vol. 24 - pág. 90

ÍNDICE ANALÍTICO